2012年绍兴市高校精品课程建设

合作社经济实训

张广花 编著

图书在版编目(CIP)数据

合作社经济实训 / 张广花编著. —杭州 ：浙江工商大学出版社，2016.6

ISBN 978-7-5178-1629-4

Ⅰ.①合… Ⅱ.①张… Ⅲ.①集体经济－中国－高等学校－教材 Ⅳ.①F121.22

中国版本图书馆 CIP 数据核字(2016)第 088454 号

合作社经济实训

张广花 编著

责任编辑 沈明珠　任晓燕

责任校对 张春琴

封面设计 林朦朦

责任印制 包建辉

出版发行 浙江工商大学出版社

(杭州市教工路198号　邮政编码310012)

(E-mail:zjgsupress@163.com)

(网址:http://www.zjgsupress.com)

电话:0571-88904980,88831806(传真)

排　　版 杭州朝曦图文设计有限公司

印　　刷 杭州恒力通印务有限公司

开　　本 850mm×1168mm　1/32

印　　张 3.5

字　　数 81千

版 印 次 2016年6月第1版　2016年6月第1次印刷

书　　号 ISBN 978-7-5178-1629-4

定　　价 12.00元

前　言

合作社经济是高职高专合作社经营管理专业学生的必修课程,也是一门理论性很强的课程。在教学过程中,我们为了使教学效果更加理想,更加贴近现实、靠近生活,使抽象的理论变得具体易理解,采用案例方法进行教学,其目的是激发学生的学习兴趣。在实际授课过程中,学生积极参与、踊跃发言,出现了师生互动、课堂气氛活跃的局面,教学效果也显著提高。

在总结案例教学经验的基础上,我们编写了这本教材,目的是希望学生通过深入学习该课程,学会用经济学思维进行经济决策,能够理论联系实际,成为适应社会经济发展的高素质技术技能人才,满足现代农业经营发展的需要。经济学是致用之学,在以经济建设为中心的现代农业发展过程中,不仅需要大量的从事农业经济学专业的人才,而且需要更多具有农业经济学理论与应用知识的人才。因此,不但要了解与把握经济学理论,还需要了解与把握经济学理论的应用。在这方面,案例教学具有独特的作用。

本教材中,我们力图体现以下特点:

在内容上,突出应用性,兼顾经济学学科体系的完整性。本教材对每个项目所讲述的基本原理,都有相关的案例予以诠释。而且为拓展学生的思维空间，针对同一原理，会从不同的角度采用多个案例予以解释，以达到举一反三、温故而知新的效果。

在结构上，体现规范性。本教材结构包括本项目知识结构图、经典案例阅读、案例本身的描述、案例思考、素质与技能训练等内容，知识点明确、清晰，使学生能把案例探讨与相关原理有机结合起来。

在案例素材上，体现时代性、本土性、新颖性。本教材的大部分案例选自近几年国内发生的经济事件。我们选取其中比较完整的、有代表性的、具有典型意义的经济事件，进行整理与分析，撰写成案例，使案例教学贴近现实，贴近生活。

在行文风格上，注重将科学性与趣味性相结合，将理性与感性相结合，使本教材更具有可读性。

我们期望本教材能够为教师教学提供一定的帮助，为学生学习经济学、掌握经济学、运用经济学提供有益的指导，使"像经济学家一样思考"不再只是一句口号，而是力争通过本教材将其变成现实。

本教材是绍兴市 2012 年度高校精品课程——合作社经济的部分成果。全书由张广花副教授负责编写和统稿，绍兴市越城区富盛镇政府韩月仙、张广芬等基层领导对本书给予了大力支持，慈溪市润德果蔬合作社理事长李凯杰、绍兴金博果蔬合作社理事长聂向博、宁波杭州湾新区志远葡萄专业合作社理事长王铭志对本书编写提出了宝贵意见，无锡城市职业技术学院王宝燕、浙江农业商贸职业学院刘俊琦等都为本书编写做了大量资料整理工作。在本书的编写过程中,我们参考了大量国内外有关的研究成果,谨在本书出版之际,对其中涉及的专家、学者表示衷心的感谢。

市场经济在不断发展,有关的经济规律、经济现象在不断涌现,本人的专业水平是有限的,因此本教材不可避免地存在着很多不足,诚挚地欢迎广大读者对本教材提出宝贵的意见和建议,以便下次修订时改进。

编者　张广花

2015.12.18

目　录

项目一　认识合作社经济

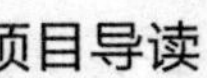

项目导读

1970 年诺贝尔经济学奖获得者萨缪尔森把经济学定义为：“经济学研究的是一个社会如何利用稀缺的资源以生产有价值的物品和劳务……”英国著名经济学家马歇尔认为“经济学是一门研究人类生活事务的学问”。人们经常为各类经济问题所困扰，实际上，所有的经济问题都源于资源的稀缺性，经济学正是为解决这个问题而产生的。本项目从资源的稀缺性入手，介绍了如何合理地配置和利用有限的资源和该门课程的研究对象、主要内容、研究方法和学习的意义。

知识结构图

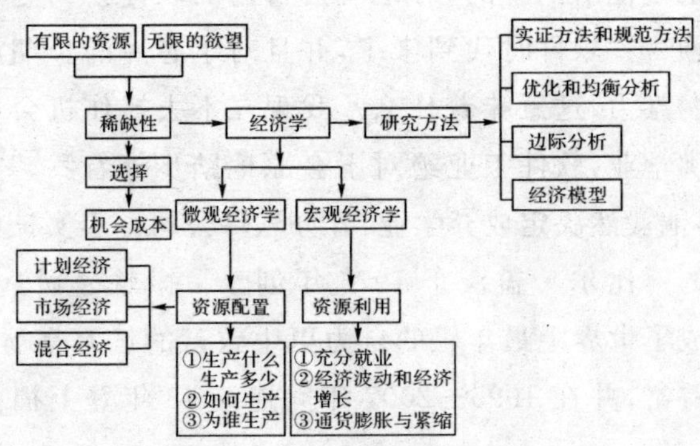

经典案例阅读

一、盖茨的选择

“我是哈佛大学最成功的辍学者”，这是微软公司的创始人、前世界首富比尔·盖茨先生在母校——哈佛大学被授予荣誉学位时的演讲。

比尔·盖茨出生在美国的西雅图，他在上中学时就对计算机情有独钟，曾帮助几家公司编写程序。1973 年，比尔·盖茨考上了哈佛大学法律专业，但他对计算机的兴趣更加强烈。在“计算机将成为每个家庭、每个办公室中最重要的工具”这种信念引导下，19 岁的盖茨（当时他正在读大学三年级 ）有了创办软件公司的想法，随之而来的就是他要面临一项选择——是继续读书直到拿到很多人梦寐以求的哈佛大学学位证书，还是开办自己的软件公司？在时间有限，二者不能同时获得的情况下，需要他进行艰难的权衡取舍。

比尔·盖茨热爱学习，顺利完成学业是他的梦想，哈佛大学的毕业证书也是他所渴望的，可是经营自己的软件公司更是他所钟爱的。他预言：“软件时代到来了，并且对于芯片的长期潜能我们有足够的洞察力，这意味着什么？我现在不去抓住机会反而去完成我的哈佛学业，软件工业绝对不会原地踏步等着我。”在经过一番思考后，他毅然决定放弃学业，开办软件公司。事实证明他的选择是正确的。比尔·盖茨于 1975 年创立了微软公司。1986 年，他 31 岁，成了世界上最年轻的自力更生致富的亿万富翁，39 岁便成为世界首富，并在 1995—2007 年间连续 13 年登上福布斯世界富豪榜榜首的位置。他这样的选择有没有机会成本呢？当然有，这就是至今他还没有获得的哈佛大学的学位证书。但与他在计算机领域已取得的伟大成就相比，机会成本太小了。

1999年3月27日，比尔·盖茨回母校参加募捐活动时，有记者问他是否愿意继续回哈佛上学，弥补他曾经的遗憾。对此，比尔·盖茨只是微微一笑，没有做出任何回答。不难看出，比尔·盖茨已不愿意为了哈佛学位证书放弃自己已有的事业。

案例点评

由于资源是有限的，一个人一生中总是要面对各种各样的选择，而每次选择都要付出一定的机会成本，那如何选择才能使机会成本更小，获得收益更大呢？是经济学该回答的问题。

二、中国制造业"下南洋"——寻求更低成本

近些年来，制造业向东南亚转移成为各界关注的焦点，而制造业的"东南飞"现象，与目前国内生产成本逐渐上升密切相关。

(一)制造业"东南飞"呈现两大趋势

一个趋势是原本投向中国的外资开始向东盟国家转移。耐克运动鞋工厂从中国"转战"越南即生动说明了这一点。2000年，中国生产了全世界40%的耐克鞋，居全球第一，越南当时的份额只占13%。随后，中国产量逐步下滑，越南的产量逐年提升。2009年，中国和越南的耐克鞋产量就一样了，都占36%。2010年，局面发生逆转，越南取代中国成为世界最大耐克鞋生产国。

另一个趋势，中国东部地区制造业也出现向东盟国家转移迹象。广东是电子、IT产业的"世界工厂"，电脑配件产量占全世界的60%，电子配套能力占全世界的90%以上。然而，广东省电脑

商会会长陈芝华说，近年来，大量广东电子企业将生产车间转移到了东盟国家而不是中国西部地区。

（二）寻求更为低廉的成本是企业向东南亚国家转移的首要原因

目前中国已经步入工业化中期，东部已经进入工业化后期，特别是像北京、上海等城市，已经实现了工业化。经济发展到工业化后期，土地价格、劳动力价格必然上涨，环境负荷不断加大，产业转移成为必然。而目前，东南亚国家的人均 GDP 只有 3000 美元，还处于工业化初期阶段，各方面成本相对低廉，相比中国，东盟国家劳动力、土地价格更为便宜。如在柬埔寨，一个生产线工人的工资成本在 400 元左右，且不包吃住；同时土地价格每平方米只需 1 美元，这对劳动密集型企业有很大吸引力，正好为产业转移提供了机会。

案例点评

为谁生产，简单地说就是产品如何分配的问题。社会按怎样的原则进行分配，分配的结果会出现怎样的收入差距，国家如何调节收入差距，这些问题从再生产的角度看，对生产资源的配置至关重要。

人们经济活动中由资源的稀缺性和选择性引发的这三大基本问题，被称为资源配置问题。如何进行资源配置，人们提出了很多原则，形成了各种经济学说。

在现实中，人类社会往往面临这样一种矛盾：一方面资源是稀缺的，另一方面稀缺的资源还得不到充分的利用。当出现失业时，意味着经济资源的闲置和浪费。所以，经济学家不仅需要研究资源配置问题，还需要研究资源利用问题。所谓资源利用问题是指人类社会如何更好地利用现有的稀缺资源，使之生产出更多的物品。资源利用包括三个问题：为什么资源得不到充分利用？如何解决失业？如何实现充分就业？

三、小岗村改革——点燃中国改革开放的星星之火

所有权是最强大的激励来源，它会促使人们付出精力，制定计划，承担风险。拥有一项生产性的财产，就赋予了人们处置该财产的权利，同时还提供了一个保证，即该财产的使用收益归所有者拥有。

中国改革开放成功的秘籍之一——建立社会主义市场经济体制。农业的市场化，让数亿中国人摆脱可怕的贫瘠，走上致富的道路。始于实行家庭联产承包责任制的农村改革，其星星之火的源头是被称为"中国改革第一村"的安徽省凤阳县梨园乡小岗村。

巨大的变革是从一件小事发端的：1978 年，在安徽省偏远的小岗村里，农民们自发举行了一次秘密会议。当时小岗村的农民陷入了彻底的绝望之中，他们参加集体劳动的公社已经运转失灵。安徽省有着中国最肥沃的耕地，曾经是全国的粮仓。但是在当时，小岗村的 20 户农民竟然生产不出足够的粮食来养活自己。他们不得不流落他乡，以乞讨为生，在气候恶劣的年份里，他们只有忍饥挨饿。

1978 年 11 月 24 日，在漆黑的夜晚，副队长严宏昌召集全村 18 户村民到严立华家召开了一次秘密会议。在会议中，他们同意把公社集体所有的耕地分到各家各户。为此，他们制定了三条解决办法：第一，为了避免与当时的政府政策产生冲突，把土地承包给个人的协议需要严格保密，绝对不能泄露给外人；第二，他们将继续按照规定缴纳公粮，保证交够国家的、留足集体的，剩下才是

自己的；第三，他们相互约定，如果其中有任何人被捕入狱，那么别的村民将抚养被捕者的子女，直到满18岁。农民们在协议书上按上了自己的手印，这就是著名的“小岗血书”。

快速的变化随之而来，小岗村的农民突然之间创造了强大的生产力。有一个村民解释说：“现在和过去不同了，我们是在为自己劳动。”村民在自己的土地上进行劳作，他们知道自己的努力将产生相应的回报。一年后，小岗村获得了自1957年来第一次空前的大丰收。一队粮食总产量达7.6万公斤，相当于1966—1970年五年粮食产量的总和，向国家交售粮食1.45万公斤，是粮食定购任务的10倍，从而结束了23年以来从未向国家交一粒粮，还年年吃返销粮的历史。此外，小岗人第一次归还国家贷款800元。正如一个农民所说的：“当为自己和家人进行劳动的时候，你绝不会偷懒。”

到1984年，也就是小岗村的改革运动启动六年之后，中国基本上已经没有农村公社了。

案例点评

市场经济体制虽然效率较高，但是也存在一定的缺陷，即存在“市场失灵”的现象。比如，竞争的压力会造成环境的污染和恶化；竞争的不完全性或垄断会造成效率的降低；国防、治安和义务教育等公共物品不会在供求作用下生产出来；等等。正因为如此，现实中实行市场经济制度的国家，都不同程度地引入了政府的干预和调节，以克服市场机制本身所存在的缺陷。

因为纯粹的计划经济和市场经济体制都各有利弊，所以现实社会中，多数国家的现行制度都属于混合经济制度，即以市场经济为基础，又有政府适当干预的经济制度。在这种制度中，一方面是指其所有制结构是由私人部门(或私营企业)和公共部门(国有企业)混合而成的,另一方面是指其经济运行是由自由市场机制和国家机构共同调节的。当今世界绝大多数国家是混合经济,但各种混合经济之间也有差别,有的国家市场化程度高,有的国家市场化程度低。我国现在实行的社会主义市场经济,其实就是一种混合经济制度,是根据我国国情实施的现代市场经济。

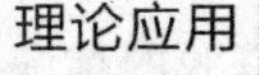

理论应用

一、资源的稀缺性原理:天价车牌号码

2006 年 7 月 28 日,一块号码为“浙 C88888”的“吉祥”车牌,居然拍出了 166 万元的天价！温州举办的一场小型客车特殊号牌拍卖会,让世人再次见识到了温州人的“有钱”。而 166 万元的车牌号码,也刷新了国内同类拍卖价格的新纪录。吉祥号码车牌被高价拍卖,在国外很流行,在国内方兴未艾,从几万元,到几十万,再到目前的最高价 166 万,完全与我国经济发展的步伐相吻合。与此类似的,还有吉祥的电话号码、QQ 号码、银行卡号,乃至一切可以用数字表示的符号。

分析

一般来讲,经济学家通常把资源分成四大类:土地、劳动、资本和企业家精神。土地是指一切自然资源,包括耕地、矿产、森林、水和未改良的土地。这些资源相对于人类社会的无限欲望而言,总体是有限的、不足的,这种资源的相对有限性就是稀缺性。既然有人甘愿竞相出高价,购买这些号码,就说明这些号码本身是一种稀缺资源,具有高价值,而且市场广大。

在现实生活中,我们经常能感受到资源的相对稀缺性。每个人都会面临稀缺问题,整个社会也都面临着稀缺问题。对待这种公共性稀缺资源,合理的也是世界上普遍采纳的方式,就是公开拍卖。这既符合"稀缺资源,出价高者得之"的经济理念,又堵住了权力攫取的通道,避免优质稀缺资源被白白挤占、使用。

稀缺是经济研究的本源,如果资源要多少有多少,就不需要经济学。经济学是为解决人类经济活动中经常面临的欲望的无限性与资源的稀缺性之间的矛盾而产生的。

二、生产可能性曲线原理:小麦与大豆的组合

假设一个社会把其全部资源用于生产大豆和小麦,可以生产出的产量有下面 A,B,C,D,E 五种组合,如表 1-1 所示。

表 1-1　小麦和大豆的不同组合表

可能性	A	B	C	D	E
产品小麦(亿斤)	0	38	52	60	65
产品大豆(亿斤)	40	30	20	10	0

表 1-1 显示,若该社会只种植大豆,收成将为 40 亿斤;但是它减少大豆的生产至 30 亿斤,它同时还能获得 38 亿斤的小麦。因此,获得 38 亿斤小麦的机会成本即减少的 10 亿斤大豆供给。换言之,增加 10 亿斤大豆的机会成本即 38 亿斤小麦。

分析

生产可能性曲线是指一个社会用其全部资源和当时的技术所能生产的各种产品和劳务的最大数量的组合。

如果将小麦和大豆 A,B,C,D,E 各种组合的点连接起来,形成一条曲线,即 AE 曲线,如图 1-1 所示。这条曲线上的任何一点表明在现有资源条件和技术条件下,社会能够达到的两种产品最大的产出组合,所以,这样的曲线被称为生产可能性曲线。

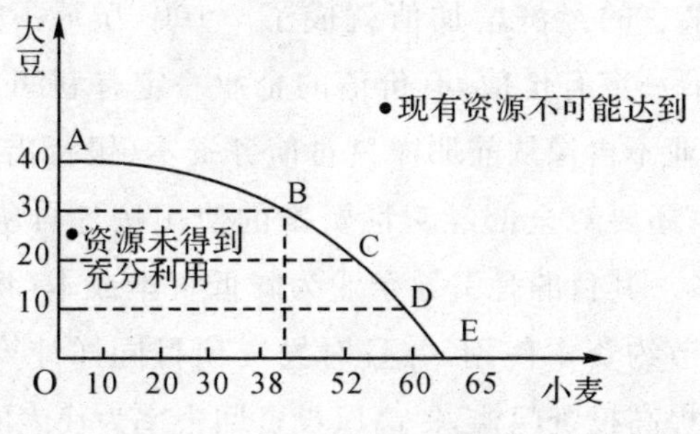

图 1-1　生产可能性曲线

三、机会成本原理:央企高管薪酬首次与“经济增加值”挂钩

国资委 2010 年 1 月 22 日公布了《中央企业负责人经营业绩考核暂行办法》,决定从第三任期开始,对所有央企实施经济增加值考核。

分析

经济增加值是指企业税后净营业利润减去资本成本后的余额,是为出资人创造的“真正的利润”。它不仅剔除了债务成本(银行借款、发行债券等),还考虑了股权投资的机会成本,消除了在传统会计利润下企业认为“股东资本免费”的弊端。经济增加值是对真正“经济”利润的评价,或者说,是表示净营业利润与投资者用同样资本投资其他风险相近的有价证券的最低回报相比,超出或低于后者的量值。在传统的会计利润条件下,大多数公司都在盈利。

但是,许多公司实际上是在损害股东财富,因为所得利润是小于全部资本成本的。比如一家公司的税后净利润为 300 万元,表面上看这家公司是盈利的,但是它投入的资本是 4000 万元,那么还有 400 万元的资本成本需要支出(即 4000 万元若存银行应得的利息),这样一来它的经济增加值就成了－100 万元。也就是说,有利润的企业不一定有价值,有价值的企业一定有利润。

因此,企业不再像从前那样只对债务资本(银行借款、发行债券等)核算利息,还要对全部经营性资本的使用按各自所属企业类别计算资本成本。其目的是引导企业为降低资本成本(将相应增加经济增加值)而节约资本使用,并且对投资项目同样计算全部资本成本,以期达到提高投资门槛,提高以投资回报率为代表的资产质量。

四、机会成本原理:姚明上大学的机会成本是多少

"小巨人"姚明没有上大学而是同美国休斯敦火箭队签了 3 年 2000 万美元的工作合同,到 NBA 打球。加上他做广告的收入,每年的实际收入都在 1000 万美元之上。如果姚明选择上大学,他一年就少收入至少 1000 万美元。这就是姚明上大学的"机会成本"。所以姚明是聪明的,他没有让机会白白溜走,他抓住了机遇。虽然姚明有时候也感叹:"我现在也就是一个蓝领,天天干的都是力气活!"虽然他也想上大学,但是他可能会说他"上不起大学"。这并不是说他付不起学费,而是指他不愿意放弃打球所能赚到的高额收入。

分析

一种东西的机会成本是为了得到这种东西所放弃的东西。经济学家会这样理解:由于个人上大学的机会成本达到了足够高的程度,以至于上大学反而得不偿失。

五、人物小传

(一)亚当·斯密的故事

亚当·斯密于1723年6月5日出生在苏格兰法夫郡的柯卡尔迪。他的父亲是一名律师,同时也是苏格兰的军法监察官和柯卡尔迪地区的海关关员,在斯密出生前几个月,他父亲就去世了。他母亲是大地主的女儿,一直活到90岁,仅比斯密早死6年。他和母亲相依为命,终身未娶。

斯密小的时候,有一天妈妈带他到舅舅家去,把他放到门前,让他自己玩耍,妈妈进了院子跟舅舅说话。没想到这时来了一群吉卜赛流浪汉,抱起他就跑。舅舅听到他的哭声,顺着哭声就追了出来,一直追到20多英里以外的一片大森林,这群吉卜赛流浪汉发现情况不对,就把这个孩子放下逃跑了,舅舅就把他抱了回来。

当斯密奠定了经济学体系的基础,成为一个伟大的经济学家时,有人在他的传记中这样写道:“他的舅舅幸运地为世界挽救了一个天才,正是这个天才创造了经济学;否则这个社会将多了一名算命先生,少了一个经济学家。”

斯密之所以能成为经济学家,与他从小生长在一个小渔村不无关系。小渔村有一个码头,由于贸易的发展,这个小渔村变成了一个中等城市。船员们出海回来就坐在码头一边喝着啤酒,一边谈论着世界各地的经济贸易,以及他们在世界各地的所见所闻。斯密发现了贸易对于一个国家,对于一个地区的经济发展的重要性。

斯密14岁就进了格拉斯哥大学学习,17岁获得硕士学位。1746年毕业于牛津大学巴特奥尔学院。他先在爱丁堡大学任讲师,1751年担任格拉斯哥大学逻辑学教授,第二年改任道德哲学教授。他凭借高超的教学水平和极富智慧的思辨而远近闻名。

1763 年，他辞去教授职务，担任布克莱西公爵的私人教师。年薪 300 英镑加旅费，另外再加此后一年 300 英镑的津贴，开出的条件实在太优厚了！

当他第二年陪着年轻的公爵踏上了欧洲大陆时才发现，原来英国这么落后，欧洲大陆却如此发达。他们到了法国、德国等国家，游历了欧洲大陆，看到了所有的一切。这期间，他结识了很多研究经济的学者。他拜访了重农学派，他们说农业创造价值。他自己则提出了劳动创造价值的理论。

在欧洲大陆的两年半侍学结束后，1767 年斯密带着丰厚的报酬回到家乡。十年间他深居简出，思考着一个问题：这个社会究竟是怎么运转的呢？经济究竟是怎么发展的呢？思来想去，最后他终于发现，原来这个社会的运转靠的是一只“看不见的手”。每一个人在做事时，并没有首先想到社会利益，他想到的都是如何有利于自己，所追求的都是个人利益。但当他真正这样做的时候，就像有一只看不见的手在拉着他，其结果比他真正想要促进社会利益要好得多得多。斯密认为自己发现了资本主义社会运转的真正内核。他异常兴奋，在屋子里来回踱着步子。

(二)凯恩斯的传奇故事

凯恩斯小的时候是个数学神童，获得了英国剑桥大学的奖学金，1902 年进入剑桥大学国王学院数学系。可是第一个学期后，他没能考上第一名。他想，既然自己不能名列第一，就不做一个数学家了。那做什么好呢？就去当文官吧！可以去周游世界。于是，他决定选择当文官之路。

英国的文官考试非常严格，他做出这个抉择，意味着他要去旁听很多课，并通过考试才能取得文官资格。他有幸旁听了英国另一个伟大的经济学家阿尔弗雷德·马歇尔的经济学原理课程。马歇尔是微观经济学的集大成者、著名的教授。凯恩斯坐在后面旁听，同学们没有注意到他，教授也没有注意到他。一学期结束后，所有的人都参加考试，他也考了。马歇尔将他的卷子拿来一看，就惊讶了：我的班里还有这么好的学生，能答出这样的卷子来。结果他在卷子上写了这样一段批语："这是一份非常有说服力的答卷，深信你今后的发展前途决不仅止一个经济学家而已！如果你能成为那样一个大经济学家，我将深感欣慰。"当时凯恩斯只是一个 18 岁的年轻人，而马歇尔已经是一个伟大的经济学家了。凯恩斯未来的发展证实了马歇尔当年的预言，他果然成了一个改变西方资本主义世界经济命运的大经济学家。

但具有讽刺意味的是，当他去参加文官考试的时候，各科的考试成绩都是优秀，只有经济学不及格，他非常生气地说："典考官的经济学水平怎么能看出我经济学思想的光辉呢！"虽然文官考试他名列第二，但由于经济学成绩不及格，他没有去成英国财政部，而是被派到印度事务部去工作。没想到正是这第二名造就了他。当第一次世界大战爆发的时候，英国政府没有钱，拿什么去打仗呢？他亲眼看到了政府债券是怎么产生的，债券是怎么发出的，战争是怎么打完的，钱是怎么回来的，他目睹了整个发债的过程。

战争结束以后，马歇尔还记着这位有经济学天赋的年轻人，于是把他请回剑桥大学做了经济学的讲师，后来凯恩斯又做了经济学的教授。他从事经济学的教学和研究工作，目睹了 1929 年席卷整个资本主义世界的经济危机。这时，所有的经济学家都没有办法了，他说：我有办法，这就是"看得见的手"，即国家宏观调控。当经济不景气的时候，国家可以加大财政赤字，发行国债，把经济刺激起来，即政府运用宏观调控的手段解决经济问题。凯恩斯认为供给不会自动创造需求，政府要去刺激需求，拉动经济，靠“看得见的手”，靠国家干预来解决社会的经济问题。正是在他的这个思想引导之下，美国罗斯福总统修了公路，搞了田纳西河流域治理，修了好多基础设施的工程。美国先从这种危机中走了出来，继而西方国家都从这个经济危机中逐渐走出来，正是运用了凯恩斯这“看得见的手”的理论。

(三)萨缪尔森的故事

1. 三胞胎催生经济学教科书

萨缪尔森的结发妻子玛丽恩·克劳福德是他的同学，两人1938年结为连理，育有6个孩子。最后一次生育时，他的夫人为他生下三胞胎，全是男孩。三胞胎的出生让他的孩子数量一下子翻了一番，他们家不得不每周给洗衣店送去350条尿布。他的朋友劝他出本书挣钱养家，于是他决定写一本经济学教科书。他撰写的《经济学》教科书于1948年出版，一经销售便备受欢迎，畅销不衰，至今已出到第19版，被翻译成40余种语言，销量超过400万本。他说：“如果我能写经济学教科书，我就不在乎谁书写国家法律。”

2. 得意“门生”肯尼迪

萨缪尔森最著名的角色其实是教育家。《纽约时报》称，萨缪尔森最有影响力的“学生”是肯尼迪。1960年，肯尼迪当选总统后，萨缪尔森在马萨诸塞州一片海滩旁的一块岩石上给肯尼迪上了一堂40分钟的课。虽然肯尼迪希望他出任经济顾问委员会主席，但萨缪尔森拒绝了。他说，他不希望坐到一个不能表达他所思所想的位置上。萨缪尔森对年轻的肯尼迪总统说，美国正走向衰退，他应当推行减税政策。他在给肯尼迪的报告中说：“暂时削减个人所得税税率可以成为应对衰退的强大武器。”肯尼迪大惊失色："竞选中我一直大谈稳健财政和预算平衡，现在你却告诉我就职后的第一件事是减税？"不过，肯尼迪最终接受了萨缪尔森的建议，减税促进了美国后来的经济繁荣。这次全球金融危机爆发后，大多数工业化国家纷纷采取措施，增加政府开支，减少税收，降低短期利率。

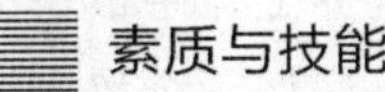

素质与技能训练

一、选择题

1. 经济学研究的是(　　)。

   A. 企业如何赚钱的问题

   B. 如何实现稀缺资源的有效配置和利用问题

   C. 用数学方法建立理论模型

   D. 政府如何管治的问题

2. 《国富论》中亚当・斯密提出公共利益可以通过以下何种方式被最好地促进(　　)。

   A. 政府对经济的管制　　　　B. 好心市民的善行

   C. 个人对自我利益的追求　　D. 对历史悠久的传统的坚持

3. 麦克花了 500 美元购买和修理一艘旧渔船，他预计一旦修理完成可以以 800 美元的价格出售。可是后来他发现如果彻底修理完成另外需要支出 400 美元的修理费，这艘船他现在只能卖 300 美元。他应该怎么做(　　)。

   A. 他应该切断损失，以 300 美元卖掉

   B. 他不应该低于成本卖掉

   C. 他应该把船彻底修理好卖掉

   D. 无论哪种选择结果对他来说都一样

4. 下列中属于规范分析经济问题的是(　　)。

A. 通货膨胀和失业是由什么引起的

B. 利率上升有利于增加储蓄

C. 北京市要限制私人小汽车的发展

D. 消费者如何对比较低的价格做出反应

二、问题与应用

1. 假设世界上打字最快的打字员恰好是农场主,那他应该自己打字还是雇佣一个秘书?并解释原因。

2. 假定政府规定年收入6万元,纳税20%;超过6万元以上的部分税率为50%,请计算一下8万元收入的人的平均税率和边际税率。

3. 举例说明“看得见的手”是如何发挥调节作用的。

三、技能实训项目

1. 资料分析——网页资料浏览中国环境资源网(http://www.ce65.com)。

(1)小组讨论:全球资源稀缺状况、资源发展趋势预测。

(2)小组派代表陈述小组讨论的主要观点:经济学需要解决的问题是什么?

2. 讨论当你面临大大小小的选择时,你是如何进行抉择的?每次选择时考虑的机会成本分别是什么?

四、案例分析

1. 湖南省的一个农民甲以 8000 元购买优质品种的 A 种仔猪，目的是繁殖仔猪进行销售。但销售仔猪的农场以劣等的 B 种仔猪冒充，两种价格相差 4 倍。后来甲繁殖的仔猪无人购买，发现出售该仔猪的农场以次充好，经过交涉未取得满意结果，造成甲直接经济损失 5 万元。甲告到法院要求农场赔偿 5 万元。农场认为当初双方的交易额是 8000 元，赔偿 5 万元是天方夜谭。

   解决这一问题可以采取以下三种思维方式：

   民间传统思维：应该赔偿 8000 元，也就是骗人者骗多少就应该赔偿多少。

   法官思维：应赔偿所有直接损失，包括购买成本 8000 元，以及饲料、雇工工资、饲养场土地房舍等直接费用。如果要起到惩戒作用和从制度上消灭假冒伪劣产品的产生，就要贯彻“杀人抵命”的对等原则。如果要建立起有效的激励约束机制，还需要更大的赔偿。

   根据以上两种思维方式补充经济学思维。

2. 假设航空公司一架有 200 个座位的飞机在国内飞行一次的成本是 10 万元，则每个座位的平均成本是 10 万元除以 200，即 500 元。有人会得出结论：航空公司的票价决不应该低于 500 元。但航空公司可以通过考虑边际量而增加利润。假设一架飞机即将起飞仍有 10 个空位，在登机口等退票的乘客愿意支付 300 元买一张票，请分析航空公司应该把票卖给他吗？

项目二　合作社如何参与市场

项目导读

价格是市场经济中影响资源配置的一个关键因素，社会上的生产者和消费者都是根据价格信号来做出自己的生产和购买决策的，而价格的决定和变化则是需求与供给相互作用的结果。经济学界流传很广的一句谚语是："如果想要让一只鹦鹉成为经济学家，最简单的办法就是教它学会需求与供给这两个单词。"

当 2013 年双 11 结束时，天猫与淘宝当天交易总额创造了新纪录，高达 350.19 亿元。从 2009 年开始，阿里集团都会在每年的 11 月 11 日举行大规模的消费者感恩回馈活动。五年间，这一天从一个普通的日子逐渐成为中国电子商务行业乃至全社会关注的年度盛事。回顾历年双 11，其成交额呈几何级增长：2009 年，淘宝在 11 月 11 日发起"品牌商品五折"活动，当天销售额 1 亿元；2010 年同一天，销售额翻了 9 倍，增至 9.36 亿元；2011 年，成交额飙升至 52 亿元；2012 年，天猫与淘宝的双 11 购物狂欢节实现 191 亿元成交额。就在那一天，天猫双 11 购物狂欢节，超越美国 2012 年网络星期一创造的单日 120 亿元纪录，成为全球最大购物狂欢节。事实证实中国并不缺内需，只是缺乏刺激内需的手段。

当寒流、洪灾接二连三地袭击北方和南方大部分地区时，全国超市的蔬菜价格都上涨了；当中东爆发战争时，中国的汽油价格上升，大排量轿车的价格下降；当国家发布调控房地产政策时，全国房地产的价格上涨的趋势渐缓。这些事件的共同之处是它们都表现出了供给与需求的关系。供给与需求是使市场经济运行的力量。它们决定了每种物品的产量以及出售的价格。如果你想知道，任何一种事件或政策将如何影响经济，你就应该先考虑它将如何影响供给和需求。供给与需求是价格理论乃至经济学理论中最重要的概念，从一定意义上说，学会需求与供给原理就等于找到了进入经济学殿堂的钥匙。本项目主要是讨论供求如何决定价格，以及价格如何配置经济的稀缺资源。

知识结构图

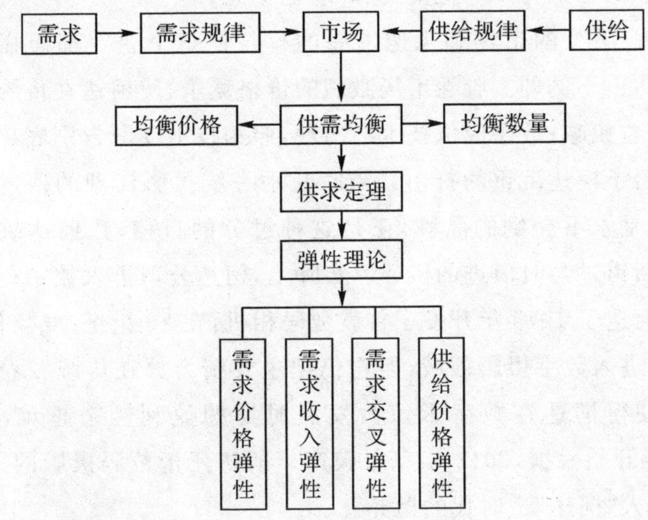

经典案例阅读

一、胶片双雄——冰火两重天

柯达和富士曾同为昔日胶片巨头，可如今的命运却冰火两重天。柯达是131年的百年老店，曾是如日中天的行业巨头，如今却面临破产的命运。柯达创立于1880年，以先锋技术和创意营销闻名。到1976年，柯达在美国胶卷和相机销售中的占比已经分别达到90％和85％。直到20世纪90年代，柯达一直都是全球五大最具价值的品牌之一。柯达的收入和利润分别在1996年和1999年达到巅峰，分别为160亿美元和25亿美元。

瞬息万变的市场和飞速发展的科技使每个企业都面临着挑战，柯达也不例外。胶卷市场激烈的价格竞争，使柯达在传统领域中的收益锐减；数字成像技术的出现，照相技术逐渐告别底片和相纸，则给予柯达沉重的打击。当时几乎一统摄影江湖的柯达在人们心中是永不会倒的品牌，正是这种过分的自信，让柯达故步自封，不断错过与时俱进的机遇。实际上，柯达公司进入数字行业并不晚，柯达于1975年开发了首款数码相机，在20世纪90年代，柯达率先进入数字摄影领域，但它仍把主要精力放在传统胶卷生意上，这使得柯达在数字影像大发展时期的盈利越来越难，直到2009年开始亏损，2012年宣布破产。柯达死于数码摄影的刀下，胶卷巨人“柯达”遭时代的抛弃。

富士公司早在20世纪80年代就预见到数码时代的崛起，并制定了双管齐下的战略：尽可能多地从胶片业务抽离资金，为数码时代的转型做好准备，并开发新的业务。富士公司一是利用胶片中的胶原质，生产抗氧化、抗衰老的化妆品；二是为液晶平板显示器开发了光学薄膜，在此行业中占了100%的市场份额。富士成功把握了新的策略，并生存下来，已经转型为一家盈利能力稳固的企业。

柯达公司和富士公司不同的命运，让人们不禁发出这样的感慨：在科技面前，没有人能一直高高在上，时代会抛弃一切落伍者，科技会不断创造出新的替代品，人们要有远见。

案例点评

这两种属于替代品的价格变化导致的市场格局反映，即一种商品的价格上升，消费者对另一种商品的需求就会增加，从而引起这种商品的价格上升，利润增加，进而供给增加；一种商品的价格下降，消费者对另一种商品的需求就会减少，从而引起这种商品的价格下降，利润减少，进而供给减少。一种商品的价格与其替代品的供给呈同方向变动。

二、“钻石恒久远，一颗永流传”

如今的中国钻石消费量已超越日本，成为仅次于美国的全球第二大钻石消费国，据国际钻石行业专家预测，至2020年中国将替代美国成为世界第一大钻石消费国。而这一切不能不说与“钻石恒久远，一颗永流传”这句广告语在中国的推广有着某种密切的关联。

1993年是中国钻石发展史上不平凡的一年，这一年DTC通过香港的奥美广告公司，征集“A diamond is forever ”的中文翻译，经过半年的评比，一名大学教师的一句话被选上，于是“钻石恒久远，一颗永流传”这句经典的广告语便成功地进入了中国，并历经超过十年的时间使中国消费者开始广泛接受钻石文化。而在这之前中国对钻石的了解可谓知之甚少，钻石行业发展并不成熟，钻石文化理念更是无从谈起。而打开这个历史性局面大门的钥匙就是这句20世纪最著名的广告语："钻石恒久远，一颗永流传。"这经典的一句广告语也从此改变了中国人婚庆以佩戴黄金、翡翠为主的传统局面，进而形成了中国新婚人们"无钻不婚"的全新理念。

案例点评

消费者对某种商品的偏好程度越高，需求量越大；影响偏好的因素包括文化因素、心理因素、示范效应、广告效应等。由于受到示范效应的影响，就可能引导一个消费群体的消费偏好，就会形成时尚性的市场需求状态，有"无婚不钻"的现象。企业通过广告影响消费者的行为，引导或推动一种消费时尚。

三、莫言小说获奖效应

2012年10月11日，莫言获得2012年诺贝尔文学奖，成为首位获得诺贝尔文学奖的中国籍作家。此新闻一出，无论是莫言本人还是莫言的作品都成为热门话题。当天，关于莫言获奖的话题的关注度在腾讯微博和新浪微博上均名列首位，且关注度远超排名第二的话题，由此带来的经济效应不可小觑。

10月8日—10月14日统计的图书榜单销售数据显示，虽然只有短短三天，莫言作品仍强势挺进十强，两部上榜。与火爆需求相反的现实是从网上到实体书店"缺货"声一片。10月16日，上海文艺出版社出版的16册莫言小说正式上架，但数量仅8000套，其余仍在抢印中。据悉，面对断货现象，电商方面已用预售方式来应对。另外，莫言获奖具有很大的新闻标题效应，可能会带动人们对中国当代文学的关注，促进文学图书的销量，另一方面也会鼓舞更多人从事文学创作。

案例点评

莫言获奖的新闻效应改变了人们的偏好，引起人们对中国当代文学的极大关注；图书的发行带来的示范效应，引导文学消费群体的消费偏好程度提高，把文学当成了时尚性的需求，新闻媒体的传播影响消费者的行为，推动爱好者的文学创作需求。

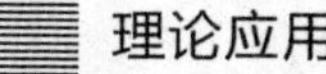

理论应用

一、供求原理：国家调控房地产政策

2011 年楼市调控的主旋律是"限购"。所谓限购，即采用行政手段，通过产权登记方式对城市居民购房套数进行限制，从而达到限制购房需求，稳定房价的目的。限购属于直接调控手段，即直接控制需求，主要是投机购房需求。从国务院接连颁布的"新国十条"，到"新国五条"，再到"新国八条"，政策出台频率越来越密集。从扩大限购城市的范围看，由一线城市到二、三线城市，数量越来越多；从限购城市已经出台的政策看，限购措施越来越严厉。限购政策实施以来，这些城市的楼市价格上涨的速率逐渐下降。

分析

政府会采取一些鼓励需求或抑制需求的经济政策来调节需求。例如，政府提高存款利率会使储蓄增加，当前需求减少；而实行消费信贷制度则会鼓励消费，增加当前需求。补贴、贷款消费、降低利率等政策会刺激消费；若对奢侈品征税，会减少对该商品的需求。

二、供求原理:如何减少人们吸烟的数量

每年的5月31日是世界无烟日,全世界现有11亿人在吸烟,目前我国吸烟现状更是不容乐观:烟民人数不断增加,已经超过4.5亿人;烟民平均年龄在降低;女烟民及青少年吸烟的数量在不断增加。那么,如何减少烟民的数量或烟草的需求呢?

减少吸烟需求量的一种方法是提高香烟的价格。按照需求定理,价格提高会减少吸烟者对香烟的消费,需求量在同一条香烟或其他烟草产品的需求曲线上从某一点移动到价格更高而数量较少的一点。

另一个方法是价格不变,利用公益广告、香烟盒上有害健康的警示以及禁止在电视上做香烟广告,充分利用任何一种既定价格水平时可以降低香烟需求量的政策,这就使香烟的需求曲线向左移动,减少烟草的需求量。

事实上,政府大都在采取双管齐下的办法减少烟草的需求量,那为什么我国的烟民或烟草的需求量还在增加呢?

分析

首先,从人的需求偏好角度看,刚开始吸烟和吸烟一段时间来看的话,那肯定是短期富弹性,长期缺乏弹性。

其次,国家征收消费税,限制烟草行业产量等手段减少需求;但是香烟的需求应该是缺乏弹性的,一味地征税只会使税收负担大部分落在缺乏弹性的那一方,而需求量减少得不是很多,所以改变消费者偏好可能是更好的一个方法。对烟民实施健康教育的作用更好。

再次,长期而言,香烟没有什么好的替代物。因为几乎每个吸

烟的人都知道吸烟有害健康，大部分人想要戒烟或者曾经试图戒烟，但是吸烟的人数却基本稳定，也就是说香烟在长期也没有好的替代物，所以说香烟在长期也是缺乏弹性的。

三、供求原理：发展规模养殖场

2011年猪肉价格大幅度上涨，其主要原因是供给量减少。是什么原因导致供给量减少呢？专家分析：一是生猪价格长期低迷，养猪业受损严重，生猪存栏量过少，产量锐减，供求关系严重失衡，这是该轮猪肉价格暴涨的根源；二是猪病高发，死亡率上升，养猪业损失惨重。2010年冬天猪病高发，母猪产仔率下降，死亡率上升，养猪业因此损失惨重；三是生猪养殖成本上升，养猪效益下降。

成本大幅上涨是猪肉价格上涨的重要推手。以玉米为主的饲料价格居高造成生猪养殖成本上升。养殖成本上升，还体现在生猪饲养员工资上涨。随着2010年以来物价水平持续上涨，劳务市场上劳务人员的工资也有了一定的提升，由2010年1500元/月增加到2011年2000元/月以上，还得包吃住，节假日工资还要翻倍，雇佣相同数量的员工需要支付更多的劳务工资，这也无形中增加了养猪户的生产成本，助长了猪肉价格的上升。如何从供给的视角解决猪肉价格上涨的问题呢？

分析

对发展规模养殖场或养猪龙头企业要在项目、税收、基地建设、信贷、用地、无害化处理、保险等方面给予优惠倾斜，对符合国家标准要求的养猪场予以扶持建设资金；对生猪养殖大户按饲养量和存栏、出栏的贡献大小，给予更多的补贴和奖励；重点扶持大型繁育场，提高母猪种群质量和提供优良仔猪的能力，以满足生猪生产可持续发展的需要。

四、需求弹性原理：洛阳纸贵

在中国西晋，有一位著名的文学家叫左思，他羡慕汉朝赋家班固、张衡的成就，可是对他们的名作《两都赋》《两京赋》又有一点不服气，于是花了十年的功夫，写了篇《三都赋》的大赋，写成之后，人们都惊叹它不亚于班、张之作，一时竞相传抄，蔚为盛事。但由于当时纸张的供给量比较小而且比较固定，所以当人们都需要用纸张来抄写《三都赋》的时候，纸张供不应求，一时间，价格飞涨，这就是著名的“洛阳纸贵”的故事。洛阳纸价格是由什么决定的呢？

在分别考察了供给与需求之后，现在我们把它们结合起来，说明它们将如何决定市场上一种物品的销售量和均衡价格，以及均衡价格如何随供求关系而变动。

分析

洛阳纸的价格受供给和需求两方面的影响，由于需求增加，而供给是缺乏弹性的商品，所以短期内供给不足，导致“洛阳纸贵”。

五、需求弹性原理：“谷贱伤农”

在日常生活中，有时可以看到，某些商品价格下降了，人们蜂拥抢购；而另一些商品价格下降了，却无人问津。《五代史·冯道传》中记载了这样一件事，有一年风调雨顺，年景很好，后唐明宗问：“天下虽丰，百姓得济否？”道曰：“谷贵饿农，谷贱伤农。”无独有偶，叶圣陶在新中国成立前写的一篇小说《多收了三五斗》中也描写了一种丰收成灾的情形。在风调雨顺的年头，农民喜获大丰收，但当老农们收完米后却发现他们的收益却比往年少了。老农们感到非常迷惘:去年是水灾,收成不好,亏本;今年算是好年时,收成好,还是亏本! 为什么“谷贵饿农”“谷贱伤农”的故事在历史上不断地重演,类似的“菜贱伤农”“果贱伤农”的事件在今天也时常发生,这里面究竟蕴含着什么样的经济学理论,又该如何解决这样的问题? 在这里将介绍与这个问题密切相关的“弹性理论”。

分析

(一)“薄利多销”与需求弹性

需求富有弹性的商品,它的价格与总收益呈反方向变动。价格上升,导致商品需求量减少,价格上升的比率小于需求量减少的比率,总收益减少;价格下降,导致商品需求量增加,商品需求量增加的比率大于价格下降的比率,总收益增加。这就是人们所说的,对于需求富有弹性的商品可以实行“薄利多销”的原因。“薄利多销”中的“薄利”就是降价,降价能“多销”,“多销”则会增加总收益。只有需求富有弹性的商品才能“薄利多销”。因为对于需求富有弹性的商品来说,当该商品的价格下降时,需求量(销售量)增加的幅度大于价格下降的幅度,所以总收益会增加。

(二)需求缺乏弹性的商品价格变动与总收益的关系

应该指出的是,并不是任何商品的降价都会增加销售,从而增加总收益。

以面粉为例。假定面粉的需求弹性系数为 $E_d=0.5$,每千克面粉的价格为 2 元,销售量为 100 千克。这时,总收益是:$2\times100=200$ 元。

如果面粉的价格下降 10%,由于 $E_d=0.5$,销售量则上升 5%,根据弹性公式计算出需求量的变动率为 5%,$Q_2=Q_1\cdot(1+5\%)=105$ 千克。这时,总收益是:$1.8\times105=189$ 元。

两相比较，虽然后者每千克面粉的价格下降了，但总收益并未增加，反而减少了11元。

反过来看，若每千克面粉的价格上升10%，情况则是销售量下降5%。这时，总收益是：2.2×95=209元。

两相比较，虽然后者每千克面粉的价格上升了，但总收益并未减少，反而增加了9元。

通过上述分析，可得出这样一个结论：需求缺乏弹性的商品，它的价格与总收益呈同方向变动。价格下降，导致需求量增加，但需求量增加的比率小于价格下降的比率，总收益减少；价格上升，导致需求量减少，需求量减少的比率小于价格上升的比率，销售者的总收益增加。所以，对需求缺乏弹性的商品，厂商最好采取“限产涨价”的策略。

(三)“谷贱伤农”与粮食供求

“谷贱伤农”是人们多年总结出来的一条粮食供求经济规律，在民间流传至今。这一规律反映了农业经济运行的周期性波动规律。“谷贱伤农”指的是在丰收的年份里，粮食产量过多，稻谷供过于求，价格下跌过大，农民的收入没有增加反而减少，影响到农民再种粮食的积极性。我们可以用弹性原理对这一经济问题进行解释。出现这种问题的根本原因是农产品通常是缺乏弹性的商品。

从图2-1中可以看出，在粮食丰收的年份里，农产品供给量的增加使得供给曲线向右平移，与需求曲线相交于E_2。均衡价格从P_1下降到P_2，下降的幅度远远大于供给量增加的幅度，这样就使得图中$OP_1E_1Q_1$的面积要大于$OP_2E_2Q_2$的面积，即粮食丰收前农民获得的总收益要大于粮食丰收后获得的总收益。

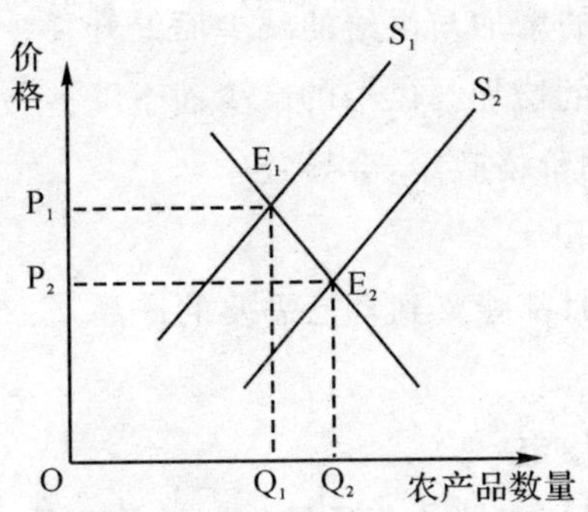

图 2-1　农产品供给变化图

素质与技能训练

一、选择题

1. 在某一时期内，彩电的需求曲线向左平移的原因是(　　)。
   A. 彩电的价格上升
   B. 消费者对彩电的预期价格下降
   C. 消费者的收入水平提高
   D. 黑白电视机的价格上升
2. 一个商品价格下降对互补品最直接的影响是(　　)。
   A. 互补品的需求曲线向右平移
   B. 互补品的需求曲线向左平移
   C. 互补品的供给曲线向右平移
   D. 互补品的供给曲线向左平移
3. 商品的均衡价格会随着(　　)。
   A. 商品需求与供给的增加而上升
   B. 商品需求的减少与供给的增加而上升

C. 商品需求的增加与供给的减少而上升

D. 商品需求的增加与供给的减少而下降

4. 政府运用限制价格政策，会导致（　　）。

A. 产品大量积压

B. 消费者随时都能买到自己需要的产品

C. 黑市交易

D. 市场秩序稳定

5. 适合于进行薄利多销的商品是（　　）的商品。

A. 需求缺乏弹性　　B. 需求富有弹性

C. 需求有无限弹性　　D. 需求完全无弹性

6. 在下列因素中，（　　）的变动会引起商品供给量的变动。

A. 生产技术　　B. 原料价格

C. 商品价格　　D. 居民收入

7. 下列组合中，一种商品需求量与另一种商品价格呈反方向变动的是（　　）。

A. 香蕉和苹果　　B. 照相机和胶卷

C. 汽车和收音机　　D. 面包和方便面

8. 需求量与消费者收入之间呈反方向变动的商品称为（　　）。

A. 正常商品　　B. 劣等商品

C. 生活必需品　　D. 奢侈品

9. 由市场来配置资源意味着（　　）。

A. 该经济中的每个成员永远能得到他们所需要的任何东西

B. 稀缺资源只售卖给那些出价最高的人

C. 政府必须决定每个人应得到的各种资源的数量

D. 对满足基本需求的物品必须排队购买

10. 假如黄豆和烟草都能在相同的土地上种植，在其它条件相同时，烟草价格的增加将会引起（　　）。

A. 黄豆的价格沿着黄豆供给曲线向上移动

B. 黄豆的价格沿着黄豆供给曲线向下移动

C. 黄豆供给曲线向右移动

D. 黄豆供给曲线向左移动

二、问题与应用

1. 运用需求弹性原理解释“薄利多销”和“谷贱伤农”这两句话的含义。

2. 试分别用图形表示以下五种情形引起的均衡价格的变动。

(1)消费者的货币收入增加；

(2)互补商品的价格上升；

(3)生产技术和管理水平提高；

(4)生产要素的价格上升。

3. 如果考虑到提高生产者的收入，那么对农产品应采取提价还是降价？对旅游产品呢？为什么？

4. 用供求图分析劝导性的“吸烟有害健康”广告与征收高额烟草税对香烟市场的不同影响。

5. 已知某商品的需求弹性系数为0.5，当价格为每千克3.2元时，销售量为1000千克，若其价格下降10%，销售量是多少？该商品降价后总收益是增加了还是减少了？增加或减少了多少？

三、案例分析

1. 为什么石油输出国组织不能保持石油的高价格？

在20世纪70年代，石油输出国组织(OPEC)的成员决定提高世界石油价格，以增加他们的收入。他们通过减少石油产量而实现了这个目标。1973年到1974年，石油价格(根据总体通货膨胀率进行了调整)上升了50%，1979年上升了14%，1980年上升了34%，1981年上升了34%。但OPEC发现要维持高价格是困难的。从1982年到1985年，石油价格每年下降10%左右。1986年，OPEC成员国之间的合作完全破裂了，石油价格猛跌了45%。1990年石油价格又回到了1970年的水平，而且90年代的大部分年份中保持在这个低水平上。

请用供求弹性的原理解释这个事件。

2. 谁最终承担了“奢侈品税”？

1990 年，作为削减美国财政赤字一揽子计划的一部分，国会通过了对价格昂贵的游艇、高级轿车、私人飞机等奢侈品征收 10%“奢侈品税”的法案。由于只有富人买得起这类奢华东西，所以，对奢侈品征税表现上看是向富人征税的一种合理方式。由于奢侈品很高的需求弹性，到 1991 年初，由于有钱人为逃避税收纷纷转向邻国巴哈马等地购买游艇，导致美国东海岸度假胜地南佛罗里达地区的游艇销量急剧下降 90%，包括“奔驰”“凌志”在内的高级轿车的销量也急剧下降。其结果给经济带来两个不利影响：一是与政府的愿望背道而驰，原本预期由有钱人承担的税收责任最后落在有关产品的生产者和销售者身上，而这些人本身多半并不会富有到可以支付奢侈品税的地步。二是这一新税项预计可以在未来 5 年内为国库带来大约 15 亿美元的进账，平均每年应该达到 3 亿美元。然而就在第一年，即 1991 年，有钱人总共才为购置奢侈品上交了 3000 万美元的税金，只有预期的 1/10。且开征的第一年，1/3 的美国游艇制造商停止生产，2 万多名工人失业。两年后的 1993 年，政府不得不宣布撤销这一税项。

请用所学的经济学知识分析上述案例。

3. 日本人“鬼”在哪里？

1987年，福建省某机械厂打算进口一套设备，当时国际上有许多国家出售该设备，价格为1000万—1300万美元。该厂预测经过艰苦谈判，打算以1200万美元买下，不料日本商人找上门来，直接开价1000万美元，该厂长心想，其中一定有鬼，但考察结果，货真价实，无可挑剔，于是成交。设备使用一年后，许多零部件需要更换，结果发现国际上只有日本企业生产的型号与之相配，日商的供货价格提高了一倍，明知不合理，该厂也不得不接受这个条件，几年下来，整套设备比最早预期的1200万美元价格高出了许多。

请分析为什么会出现这种受制于人的境况？

四、技能实训项目

1. 请各位同学进行一次连续的市场调查，了解某一个家电产品在上市以后的价格变动情况，并尝试分析其原因，制作一份调查报告。
2. 根据背景资料分析我国政府房产调控政策对房产价格的影响。

自2009年以来，我国各地房产价格呈节节上升的趋势。为保障房产市场的健康运行，2010年国务院出台调控房产市场的“新十条”，严格二套房贷管理，首付不得低于40%，提出地方政府对稳定房价、推进保障性住房建设工作不力，影响社会发展和稳定的，要追究责任。在此背景下，各地政府纷纷出台政策，在土地供应、保障房建设、房产税收、银行贷款等方面采取措施，打压房价。北京市也出台了相应政策文件对房地产市场进行干预，但截至2012年底，北京房产价格还是呈现坚挺态势。

请从经济学的角度讨论：政府干预政策对房产价格有哪些影响？为什么这些政策的出台在某些城市已经见效，而在北京效果却不是很明显呢？

3. 假如你是一个大型艺术博物馆的馆长。你的财务经理告诉你，博物馆缺乏资金，并建议你考虑改变门票价格以增加总收益。你将怎么办呢？你是要提高门票价格，还是降低门票价格？

这个回答取决于需求弹性。如果参观博物馆的需求是缺乏弹性的，那么，提高门票价格就会增加总收益。但是如果需求是富有弹性的，那么提高价格就会使参观者人数减少，以至于总收益会减少。

为了估算需求的价格弹性，你需要请教统计学家。他们会用历史数据来研究门票价格变化时，参观博物馆人数的变动情况。或者他们也可以用国内各种博物馆参观人数的数据来说明门票价格影响参观人数的因素——天气、人口、藏品多少等——以便把价格因素独立出来。最后，这种数据分析会提供一个需求价格弹性大额估算，你可以用这种估算来决定对你的财务问题做出什么反应。

请分析：

(1)什么是需求弹性？你认为博物馆应提高门票价格，还是降低门票价格？

(2)影响需求弹性的因素有哪些？

(3)选取杭州某一旅游景点，调查其门票定价高低如何，你怎样看待这种现象？你能找一种合理的定价方法吗？

项目三　农产品市场供求的背后

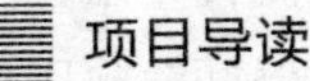

200 多年以前，亚当·斯密在《国富论》中提出了价值悖论："没有什么能比水更有用，然而水很少能交换到任何东西。相反，钻石几乎没有任何使用价值，但却经常可以交换到大量的其他物品。"换句话说，为什么对生活如此必不可少的水几乎没有价值，而只能用作装饰的钻石却能索取高昂的价格？

（一）效用的主观性

"萝卜白菜，各有所爱""甲之砒霜，乙之佳肴""黄金有价玉无价"，据《史记》载："赵惠文王时，得楚和氏璧。秦昭王闻之，使人遗赵王书，愿以十五城请易璧。"这就是"价值连城"的和氏璧。秦始皇统一天下后，终于得到了和氏璧。他令丞相李斯题写，公孙寿篆刻"受命于天，既寿永昌"八字于其上，和氏璧也因此而成为国宝玉玺。在历史上的朝代变迁中，皇帝必须拥有国宝玉玺，才是所谓的真命天子，才算真正地一统天下。主观性是一种心理感觉，完全取决于消费者本人的感觉。

(二)效用的相对性(因人、因时、因地而异)

“渴时一杯胜甘露,醉时添杯聊胜无。”在现实中,效用是一种主观上的感受,会因人而异,因时而变,是无法用统一的客观标准去衡量的。虽然消费者不能说出自己对某种商品的效用量究竟是多少,但他可以说出自己对不同商品的偏好顺序。例如,他可以说出对金庸小说的偏好甚于华君武的漫画,对华君武的漫画的偏好甚于流行音乐,等等。因此,可以用序数词第一、第二、第三……来分析偏好的顺序,表示效用水平的高低。这种根据消费者对一系列商品偏好的不同,按次序排列分析效用的消费者行为理论就称为序数效用论。序数效用论是20世纪初,以意大利经济学家帕累托、英国经济学家希克斯等为代表的经济学家提出的。序数效用论用无差异曲线作为自己的分析工具来研究消费者行为的规律。

知识结构图

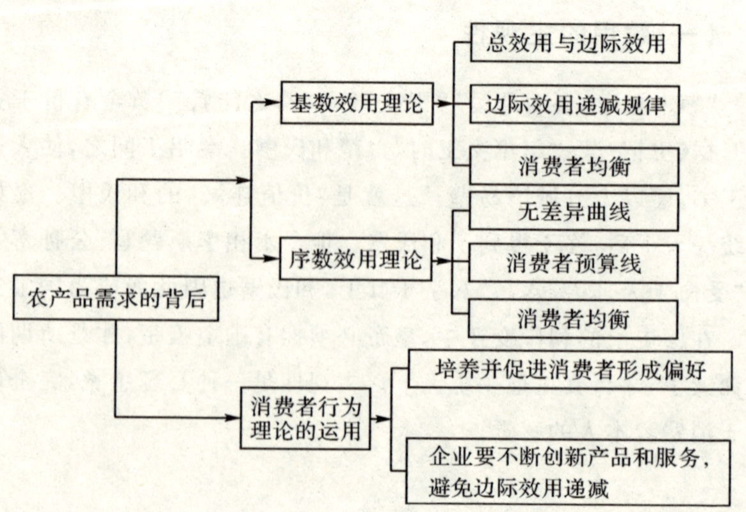

经典案例阅读

一、春晚的怪圈

大约从 20 世纪 80 年代初期开始，我国老百姓在过春节的习俗中增添了一项诱人的内容，那就是春节联欢晚会。记得 1982 年第一届春晚的播出，在当时娱乐事业尚不发达的我国引起了极大的轰动。晚会的节目成为全国老百姓街头巷尾和茶余饭后津津乐道的题材。

晚会年复一年地办下来了，投入的人力和物力越来越多，技术效果越来越先进，场面设计越来越宏大，节目种类也越来越丰富。但不知从哪一年开始，人们对春晚的评价却越来越差了。原来街头巷尾和茶余饭后的赞美之词变成了一片骂声，春晚成了一道众口难调的大菜，晚会陷入了“年年办，年年骂；年年骂，年年办”的怪圈。

案例点评

春晚现象符合边际效用递减规律。即在一定时间内，在其他商品的消费数量保持不变的条件下，一个人消费一种产品的边际效用，随其消费量的增加而减少，这一倾向称作边际效用递减规律。对春晚呈现出边际效用递减现象的分析：

(1)人们对春晚的期望值高，因为边际效用的大小与欲望的强弱成正比；

(2)边际效用的大小与消费量的多少成反比，随着春晚的多年举办其边际效用下降，出现了春晚年年办年年被骂的怪圈。

二、福特 T 型车的成与败

美国的福特公司创建于 1903 年。1908 年福特汽车公司生产出世界上第一辆属于普通百姓的汽车——T 型车，T 型车一推向市场，很快就赢得了美国消费者的喜爱，取得了巨大的市场成功。亨利·福特认为，要想把汽车市场变成一个能够创造巨大利润的市场，就必须把汽车变成普通人也买得起的消费品，而要想做到这一点，大幅降低价格是关键。1913 年，福特汽车公司又开发出了世界上第一条流水线，T 型车产量大增，价格最终降到了 260 美元。福特公司先进的生产方式为它带来了极大的市场优势。福特公司也成了当时美国最大的汽车公司。可以说，福特创造了现代工业史上的奇迹。T 型车取得巨大的市场成功后，亨利·福特不断改进它的生产线，几乎把单一型号大批量生产的潜力发挥到了极致。但是，市场却已经发生了变化。到了 20 世纪 20 年代中期，由于产量激增，美国汽车市场基本形成了买方市场，道路及交通状况也大为改善。简陋而千篇一律的 T 型车虽然价廉，但已经不能满足消费者的需求。

面对福特汽车难以战胜的价格优势，竞争对手通用汽车公司转而在汽车的舒适性、个性化和多样化等方面大做文章，以产品的特色化来对抗廉价的福特汽车，推出了新式样和颜色的雪佛兰汽车。雪佛兰一上市就受到消费者的欢迎，严重冲击了福特 T 型车的市场份额。然而，面对市场的变化，福特仍然顽固地坚持生产中心的观念。他不相信还有比单一品种、大批量、精密分工、流水线生产更加经济、更加有效率的生产方式。他甚至都不愿意生产黑色以外的其他颜色的汽车。他宣称："无论你需要什么颜色的汽车，福特只有黑色的。"每当通用汽车公司推出一种新产品或者新型号时，福特总是坚持其既定方针，以降低价格来应对。但是，降价策略成功的前提是市场的无限扩张，20 世纪 20 年代以后，市场对于 T 型车这样简单的代步型汽车的需求已经饱和，消费者需要的是更舒适、更漂亮、更先进的新型汽车。1926 年，亨利·福特做了最后一次绝望的努力，宣布 T 型车大减价。但过去的效果已经不再有了！这一年，T 型车的产量超过了订数。亨利·福特继续坚持大批量生产，结果就是巨大的库存积压。最终，亨利·福特不得不承认自己的失败。1927 年，T 型车停止了生产。

1927 年开始，福特公司被迫重组生产线，更换 1.5 万台车床，重新设计制造 2.5 万台机床。这些庞大的调整工作耗用了福特 1 亿美元的资金和 16 个月的时间。等到新车型投产时，福特已经从全美第一大汽车公司降至第二了。由于新车型是仓促上阵的，许多地方的技术并不成熟，而随后为了更换发动机，福特不得不再一次停产。通用汽车公司等竞争对手趁机抢占市场。到了 1933 年，福特的新车才得以重新上市。这时，福特公司不但落在了通用汽车公司的后面，甚至也落到了克莱斯勒汽车公司之后，沦为美国第三大汽车公司。直到今天，福特公司再也没有能够恢复昔日美国最大汽车公司的地位。

案例点评

T 型车最终的结局是令人尴尬的失败，它是忽视了消费者的边际效用递减规律的现实。

三、海尔在美国成功的奥秘

1999 年 4 月 30 日，在美国南卡罗莱纳州中部的一个人口为 8000 人的小镇坎姆登，举行了海尔投资 3000 万美元的海尔生产中心的奠基仪式。一年多以后，第一台带有“美国制造”标签的海尔冰箱从漂亮的生产线上走下来，海尔从此开始了在美国制造冰箱的历史。海尔也成为中国第一家在美国制造和销售产品的公司。

美国家电市场名牌荟萃，竞争激烈，几乎是所有品牌的竞技场。而且在美国本土，家用电器也早已是处于成熟期的产品。通用、惠而浦和美泰克这三大美国电器生产商虎视眈眈，自然不会坐视不理，一场商业激战在所难免。那么，海尔靠什么来同这些美国著名企业叫板呢？

在美国，200L以上的大型冰箱被通用、惠尔浦等企业所垄断，160L以下的冰箱销量较少，通用等厂商认为这是一个需求量不大的产品，没有投入多少精力去开发市场。然而，海尔发现美国的家庭人口正在变少，小型冰箱将会越来越受欢迎，独身者和留学生就很喜欢小型冰箱。所以海尔把产品定位在小型冰箱，把消费的群体定位在年轻人。

案例点评

培养并促使消费者形成偏好是海尔集团成功的原因。企业在决定生产什么、生产多少时，首先要考虑商品的销售能给消费者带来多大效用。效用是一种心理感觉，取决于消费者的偏好，而消费者的偏好首先取决于消费时尚。小型冰箱对消费时尚有一定的影响，会引导一种新的消费时尚，左右消费者的偏好。

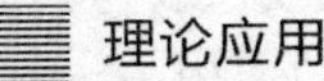

一、消费者偏好原理：信子裙和大岛茂风衣不同的命运

20 世纪 80 年代中期，日本电视连续剧《血疑》曾风靡神州大地。精明的商家从中看出了市场机遇。上海一家服装厂推出了信子裙，北京一家服装厂推出了大岛茂风衣。但结果并不一样，上海的厂家大获其利，北京的厂家却亏了。个中原因就在于不同消费者的不同行为。

分析

消费者购买物品是为了获得效用。消费者愿意支付的价格取决于他对该物品的评价，即他感觉到的效用大小。这种效用大小又取决于不同消费者的偏好。

信子裙的消费者是少女，这个消费群体的特点是追逐时尚，她们对时尚的追求要体现在消费上。她们极为崇尚信子，穿信子裙就是她们表现自己这种偏好的方式。

穿信子裙使她们崇尚信子的心态得以表现，就得到了效用。而且，在她们看来，穿信子裙所带来的效用也不是其他裙子所能代替的。已有许多裙子再多买一条信子裙并不会发生边际效用递减，甚至她们对时尚的信子裙的评价还高于其他裙子，因此，消费者愿意出高价买，企业就获得了成功。

大岛茂风衣的消费者是中年男子。这个消费群体偏好较为稳定，受时尚影响较小。

他们觉得穿大岛茂风衣会让人觉得傻，不符合中年男子成熟的风度。大岛茂风衣不会给他们带来更多的效用。他们不会认为大岛茂风衣与其他风衣有什么差别。如果已经有风衣，就不会再买一件，因为这会引起边际效用递减。于是，他们不会买大岛茂风衣，更不会为这种风衣出高价，北京的企业就只有失败了。

不同的消费者有不同的偏好，同样的物品给不同消费者带来的效用也不同。这正是企业能从消费者行为理论中得到的启示。

二、边际效用递减原理：连吃三个面包的感觉

美国总统罗斯福连任三届后，有记者问他有何感想，总统一言不发，只是拿出一块三明治面包让记者吃，这位记者不明白总统的用意，又不便发问，只好吃了。接着总统拿出第二块，记者还是勉强吃了。紧接着总统拿出第三块，记者为了不撑破肚皮，赶紧婉言谢绝。这时罗斯福总统微微一笑："现在你知道我连任三届总统的滋味了吧。"这个故事揭示了经济学中的一个重要的原理：边际效用递减规律。边际效用递减规律对消费者的消费行为有何影响呢？对企业经营决策又有何启示呢？让我们从消费者的消费动机开始分析。

分析

企业要不断创新产品和服务，避免边际效用递减。

消费者行为理论告诉我们，一种产品的边际效用是递减的。如果一种产品仅仅是数量增加，它带给消费者的边际效用就在递减，消费者愿意支付的价格就低了。因此，企业的产品要多样化，即使是同类产品，也要不相同，这样才不会引起边际效用递减。边际效用递减原理启示企业要进行创新，生产不同的产品，提供不同的服务。

三、企业创新原理：金王集团的小蜡烛照亮国际大市场

出口 3 支蜡烛换回出口 1 台冰箱的利润——这样的商业传奇由青岛金王应用化学股份有限公司(以下简称金王集团)书写而成。今天的金王集团是中国最大的蜡烛时尚礼品生产供应商和蜡制工艺品企业的龙头。销售网络覆盖 115 个国家和地区，在欧美国家，每 4 个家庭中，就有一家拥有一件“金王”产品。

金王集团凭借自主创新，以小小蜡烛照亮国际市场，书写了自主创新知识产权化的壮丽篇章。公司刚成立不久，他们就研制出了与传统蜡烛截然不同的新产品——“果冻蜡”。这种蜡高度透明，没有污染，燃烧时间是普通蜡烛的 20 倍，而成本却与传统石蜡蜡烛相同。继“果冻蜡”后，晶莹剔透的“水晶蜡”，随时间和温度变换各种颜色和气味的“魔术蜡”又相继问世。这些全新的产品一上市，立即引起了沃尔玛等世界商业巨头的热切关注，他们纷纷主动上门订货。

1999 年，金王集团自主研发的“新型聚合物基质复合体烛光材料及其制品”成功问世，颠覆了上百年来以石蜡为主要原料的蜡烛制造史，第一次赋予蜡烛透明、无烟、环保、耐燃等优良特性。这一科研成果经中科院专家鉴定达到国际先进水平，被评为“国家级高新技术产品”，金王集团也因此被认定为“国家级重点高新技术企业”。

2002 年起，金王集团的自主创新进入良性发展轨道，开始全面实施专利战略。此前，金王集团申请的专利总共就十几项，而 2002 年一年就达到了 40 项，2003 年则一举突破 200 项。2005 年，金王集团进入全国企业专利申请前十强，平均每天就会有 1 项专利技术诞生。

分析

金王集团用小蜡烛点亮了国际大市场,其发展历程充分说明,小行业也可以做大事情。以市场的眼光,凭借自主创新成果的知识产权化,金王集团从习惯于传统价格和成本竞争逐步向适应知识产权等非价格竞争的方向转变。

四、消费者剩余原理:东西买贵了为什么还很高兴

在一场纪念猫王的小型拍卖会上,有一张绝版的猫王专辑在拍卖,小秦、小文、老李、阿俊四个猫王迷同时出现。他们每个人都想拥有这张专辑,但每个人愿意为此付出的价格都有限。小秦的支付意愿为 100 元,小文为 80 元,老李愿意出 70 元,阿俊只想出 50 元。

拍卖会开始了,拍卖者首先将最低价格定为 20 元,开始叫价。由于每个人都非常想要这张专辑,并且每个人愿意出的价格远远高于 20 元,于是价格很快上升。当价格达到 50 元时,阿俊不再参与竞拍。当专辑价格提升为 70 元时,老李退出了竞拍。最后,当小秦愿意出 81 元时,竞拍结束了,因为小文也不愿意出高于 80 元的价格购买这张专辑。小秦高兴地付了款。

那么,小秦究竟能从这张专辑中得到什么利益呢?实际上,小秦愿意为这张专辑支付 100 元,但他最终只为此支付了 81 元,比预期节省了 19 元。

分析

这节省出来的 19 元就是小秦的消费者剩余。一般来说,在购买商品时,每个购买者都希望以低于自己支付意愿的价格买到商品,而拒绝以高于支付意愿的价格购买该商品。而小秦之所以愿

意出 81 元购买猫王专辑，是因为 81 元仍是在自己可接受的价格范围之内。

消费者在买东西时对所购买的物品有一种主观评价。这种主观评价的表现是他愿意为这种物品所支付的最高价格即需求价格。决定这种需求价格的主要因素有两个：一是消费者满足程度的高低，即效用的大小；二是与其他同类物品所带来的效用和价格的比较。在日常生活中，消费者剩余可以用来衡量消费者购买并消费某种物品或服务所得到的经济福利的大小。消费者购买和消费物品或服务是为了得到经济福利，一种物品或服务给消费者带来的消费者剩余越大，即市场价格越低于消费者愿意出的最高价格，消费者就越愿意购买；反之，如果市场价格高于消费者愿意出的最高价格，那么消费者就会认为购买该物品或劳务不值得，或者说消费者剩余为负数，那么消费者就不会购买。

 素质与技能训练 

一、选择题

1. 某个消费者逐渐增加对 M 商品的消费量，直至达到了效用最大化，在这个过程中，M 商品的（　　）。
   A. 总效用和边际效用不断增加
   B. 总效用和边际效用不断下降
   C. 总效用不断下降，边际效用不断增加
   D. 总效用不断增加，边际效用不断下降
2. 总效用曲线达到最高点时，（　　）。
   A. 边际效用曲线达到最大点
   B. 边际效用曲线与横轴相交

C. 边际效用曲线上升

D. 边际效用曲线与横轴平行

3. 已知商品 X 的价格为 2 元，商品 Y 的价格为 1 元，如果消费者从这两种商品得到最大效用时，商品 Y 的边际效用是 26，那么商品 X 的边际效用应该是(　　)。

A. 52　　B. 13　　C. 26/3　　D. 26

4. 某消费者处于消费者均衡中，这时消费点位于(　　)。

A. 预算线上

B. 一条无差异曲线上

C. 刚好与预算线相切的无差异曲线

D. 以上选项都不正确

5. 恩格尔定律说明的是居民户(　　)变动与总收入变动之间的关系。

A. 总支出　　B. 生活必需品购买支出

C. 食物支出　　D. 奢侈品支出

6. 某些人在收入比较低时购买黑白电视机，而在收入提高时则购买彩色电视机，黑白电视机对这些人来说是(　　)。

A. 生活必需品　　B. 奢侈品

C. 劣质商品　　D. 正常商品

7. 随着收入和价格的变化，消费者的均衡也发生变化。假如在新的均衡状态下，各种商品的边际效用均低于原均衡状态的边际效用，这意味着(　　)。

A. 消费者生活状况有了改善

B. 消费者生活状况恶化了

C. 消费者生活状况没有改善

D. 无法确定消费者生活状况是否发生变化

8. 正常物品由于价格上升导致需求量减少的原因在于(　　)

A. 替代效应使需求量增加,收入效应使需求量减少

B. 替代效应使需求量增加,收入效应使需求量增加

C. 替代效应使需求量减少,收入效应使需求量减少

D. 替代效应使需求量减少,收入效应使需求量增加

9. 已知消费者的收入为 100 元,物品 A,B 的价格分别为 10 元、3 元。假定他购买 7 单位 A 和 10 单位 B 时,物品 A,B 的边际效用分别为 50 和 18。如果要获得最大效用,他应该(　　)。

A. 停止购买

B. 增加 A 的购买量,减少 B 的购买量

C. 增加 B 的购买量,减少 A 的购买量

D. 同时增加物品 A,B 的购买量

二、问题与应用

1. 如何运用边际效用理论解释钻石与水的价值悖论?

2. 假定消费者购买 X,Y 两种商品,最初的 $\frac{MUx}{Px}=\frac{MUy}{Py}$,若 Px 下跌,Py 保持不变,又假定 X 商品的需求价格弹性大于 1,Y 商品的购买量应如何变化?

3. 假设某商品的需求方程为 $Q=10-2P$,试求价格 $P_1=2$,$P_2=4$ 时的消费者剩余各为多少?

4. 某消费者收入为 3000 美元。红酒一杯 3 美元，奶酪一磅 6 美元。请画出该消费者的预算线，这条预算线的斜率是多少？

5. 已知某家庭的总效用方程为 $TU=14Q-Q^2$，Q 为消费商品数量，试求：

(1)该家庭消费多少商品效用最大？

(2)效用最大额是多少？

6. 下表是某物品消费的总效用和边际效用，试根据数据间的关系完成填空，把正确的内容填入空格中。

表 3-1 消费的总效用和边际效用对应表

某物品消费量	总效用	边际效用
1	10	10
2	15	
3		3
4	20	
5		1

三、案例分析

某公司开发出了款式不同的各种手表，使手表销售量增加而价格并没有下降，用消费者行为理论解释该公司成功的原因。

四、实训题

某消费者的收入为1000元，假设该消费者的全部收入用以购买X和Y两种商品，X和Y的价格分别为100元和500元，它们的边际效用见表3-2。

表3-2　某消费者购买商品*X*和*Y*的边际效用

商品单位/件	1	2	3	4	5	6	7	8
*X*的边际效用	20	18	16	13	10	6	4	2
*Y*的边际效用	50	45	40	35	30	25	20	15

试分析：

(1)该消费者如何购买X和Y才能达到均衡？

(2)达到均衡时，该消费者得到的最大效用是多少？

项目四 合作社生产要素的配置

项目导读

“大跃进”是一个不讲理性的年代，时髦的口号是“人有多大胆，地有多大产”。于是一些地方把传统的两季稻改为三季稻，结果总产量反而减少了。从经济学的角度看，这是因为违背了一个最基本的经济规律：边际产量递减规律。两季稻是农民长期生产经验的总结，它行之有效，说明在传统农业技术下，固定生产要素已经得到了充分利用。改为三季稻之后，土地过度利用引起肥力下降，设备、肥料、水利资源等由两次使用改为三次使用，每次使用的数量不足。这样，三季稻的总产量就低于两季稻了。群众总结的经验是“三三见九，不如二五一十”。

面对这种现象我们需要思考两个问题：高投入能否带来高产出，是否投入越多，产出越大？高产出能否带来高收益，是否产出越多，效益越好？

在人们的生产实践中可以发现这样一个普遍的现象：在技术水平不变的情况下，连续地把一种同质的生产要素投入到一种或几种数量不变的生产要素中去，最初这种要素投入会带来边际产量的递增，但当可变要素投入增加到一定限度时，边际产量开始递减。这就是边际收益递减规律。

对于任何产品的短期生产来说,可变生产要素和不变生产要素之间都存在一个最佳的数量配置比例。当可变要素投入较少、不变要素投入较多时,增加可变要素的投入可以使要素之间的配置比例趋向合理,从而可以使产量增加。但当要素之间的配置比例达到最佳时,可变要素的边际产量已经达到最大值,之后再继续增加可变要素的投入就逐渐背离了要素配置的最佳比例,从而带来了产量递减的现象。边际收益递减规律解释了边际产量曲线先递增后递减的原因。

知识结构图

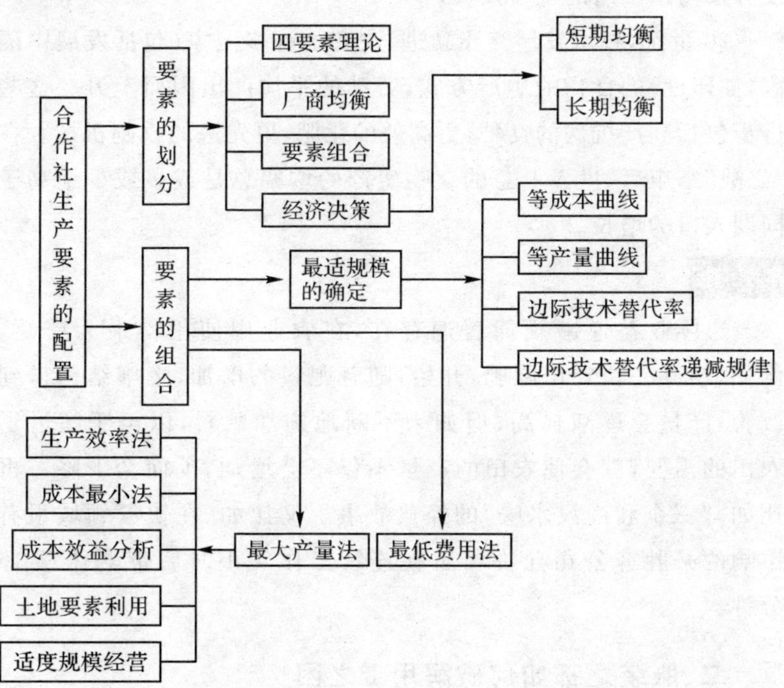

经典案例阅读

一、人类为什么没有按照马尔萨斯的预言发展

经济学家马尔萨斯的人口论的一个主要依据便是边际报酬递减定律。他认为,随着人口的膨胀,地球上有限的土地将无法提供足够的食物,最终劳动的边际产出与平均产出都会下降,但又有更多的人需要食物,因而会产生大的饥荒。幸运的是,人类的历史并没有按马尔萨斯的预言发展。

20 世纪,技术发展突飞猛进,改变了许多国家(包括发展中国家,如印度)的食物的生产方式,劳动的平均产出因而上升。这些进步包括高产抗病的良种,更高效的化肥,更先进的收割机械。在“二战”结束后,世界上总的食物生产的增幅总是或多或少地高于同期人口的增长。

案例点评

边际收益递减规律普遍存在,在农业中使用得最为广泛。例如,给某一块农田施肥,开始,随着肥料的增加,土壤结构得到改善,产量会逐渐提高;但如果不断地施加肥料,以至于超过了农田的需要,就会使农田的产量不仅不会增加,反而会下降。再比如,“三个和尚没水喝”的经典故事。又比如,在快餐领域很有影响的必胜客公司允许员工在连续工作 4 小时后带薪休息 15 分钟。

二、服装之都如何破解用工之困

自 2003 年开始,我国东南沿海一带的制造业就遭遇到了招工

难的问题。劳动力的工资逐年上升，劳动力平均工资在1999年每月是1200元，到2000年上升到2000元，到2012年就涨到3000元。工资上涨意味着生产成本的增加，过去，加工一件T恤衫，人工成本占20％，现在占40％，企业利润自2008年开始一直在下降。过去服装加工业是靠密集的劳动力进行生产，现在劳动力紧缺，再依靠廉价劳动力的产业之路走不通了，整个产业链正在转型升级。石狮服装行业的企业家经历几十年长期资本积累之后，在尝试着开辟一条新的道路。如盖奇（中国）织染服饰有限公司采用先进的“纺织印刷机”等高新科技的技术装备后，走技术密集型的生产之路。6个人一天就能把2万米白布印成花布。工厂开出15条生产线，年产值达到10亿元以上，员工不到300人，若按照以前的那种贴牌加工生产，需6000人才能完成10亿元的产值。用高新科技武装企业，这样既提高了劳动生产力，又提高了产品的品质、质量，用工荒的问题也就自然而然地解决了。

案例点评

生产者均衡的条件是厂商购买投入要素的每一单位货币所带来的边际产量都相等，若哪边能带来更多的边际产量，则企业会倾向于向哪边多投入，直到两边都达到均衡。

三、王永庆的成功之路

台塑集团老板王永庆被称为“主宰台湾的第一大企业家”“华人经营之神”。王永庆的事业是从台塑生产塑胶粉粒PVC开始的。当时每月仅产PVC100吨，生产规模极小。王永庆知道，要降低PVC的成本只有扩大产量。扩大产量、降低成本、打入世界市场是成功的关键。于是，他冒着产品积压的风险，把月产量扩大到1200吨，并以低价格迅速占领了世界市场。王永庆扩大产量、降低成本的做法正是经济学中规模经济原理的运用。

王永庆的成功正在于他敢于扩大产量，实现规模收益递增。当时台湾产量低是受台湾地区需求有限的制约。王永庆敏锐地发现，这实际上是陷入了一种恶性循环：产量越低成本越高，越打不开市场；越打不开市场，产量越低成本越高。打破这个循环的关键就是提高产量，降低成本。当用当时最先进的设备与技术将产量扩大到月产1200吨时，成本就会大幅度下降，这样产品就有了进入世界市场，以低价格与其他企业竞争的能力。

案例点评

当一个企业的产量达到平均成本最低时，就充分利用了规模收益递增的优势，或者说实现了最适规模。应该说，不同行业中最适规模的大小是不同的。一般而言，重工业、石化、电力、汽车等行业的最适规模都很大。这是因为在这些行业中所用设备先进、复杂，最初投资大、技术创新和市场垄断程度都特别重要。王永庆经营的化工行业正属于这种最适规模大的行业，所以，规模的扩大带来了收益递增。近年来，全世界掀起一股企业合并之风，企业合并无非是为了扩大规模，实现最适规模。

四、大企业的低价

在现实经济中，有许多大大小小的企业生机勃勃地存活在市场经济的沃土里，而且每一天都有无数小企业像雨后春笋一样出现，但是小企业并不是适合于所有行业和所有门类。在市场中大企业具有绝对的价格优势。比如，湖南有一家“老百姓大药房”,开业的时候对外宣称有5000多种药品的价格,将比原来国家核定的零售价降低45%,有的降价竟达到了60%以上。一般的小药店能和它们比吗?同样的,在很多大型超市里,它们的商品价格的确很低,它们出售的商品甚至比其他一些商家的进货价格还要低。

案例点评

从经济学上讲,这涉及一个组织的规模问题。这就是规模报酬问题。它是指在其他条件保持不变的情况下,企业内部各种生产要素按相同比例变化所带来的产量的变化。企业规模报酬变化可以分为规模报酬递增、规模报酬不变和规模报酬递减三种情况,大企业在达到一定规模后呈现规模报酬递增现象,使得平均成本大幅下降,可以采取较低的价格参与市场竞争。

 **理论应用** 

一、规模报酬理论:格兰仕的低成本战略

在2003年,全世界每生产四台微波炉,其中就有一台是格兰仕的。格兰仕成功最重要的原因之一就是运用了规模报酬理论。规模经济是长期平均成本随着产量增加而减少。这一规律在格兰仕得到了验证,格兰仕规模每上一个台阶,生产成本就下降一个台阶。规模经济的产生是因为更大规模的生产,一方面使得劳动的分工更专业化,工人更加精通自己的业务;另一方面更大规模的生产能够充分利用大规模的厂房和设备。

微波炉生产的最小经济规模为100万台。格兰仕的做法

是，当生产规模达到100万台时，将出厂价定在生产规模为80万台的企业的成本价以下；当规模达到400万台时，将出厂价又调到规模为200万台的企业成本价以下；当规模达到1000万台以上时，又把出厂价降为500万台的企业成本价以下。这种在成本下降的基础上所进行的降价是一种合理的降价。

分析

降价的结果是将价格平衡点以下的企业一次又一次大规模淘汰，使行业的集中度不断提高，使行业的规模经济水平不断提高，由此带动整个行业社会必要劳动时间不断下降，进而带来整个行业的成本不断下降。成本低，价格必然低。1993年，格兰仕进入微波炉行业，到2003年时，微波炉的价格由每台3000多元降到每台300元左右，下降了90%多。这不能不说是格兰仕的功劳，不能不说是格兰仕对中国广大消费者的巨大贡献。

二、机会成本原理：经济学家与会计师计算的成本与利润为什么不同

某私营业主小王用自己的20万元资金办了一个服装厂，年终到了，会计拿来会计报表，如表4-1“会计报表”栏所示，他的经济学家朋友看了报表后，也列出了一张报表如表4-1“经济学家的报表”栏所示。

表 4-1　某服装厂经济报表

会计报表		经济学家的报表	
销售收益	100 万	销售收益	100 万
设备折旧	10 万	设备折旧	10 万
厂房租金	11 万	厂房租金	11 万
原材料	40 万	原材料	40 万
电力等	6 万	电力等	6 万
工人工资	25 万	工人工资	25 万
贷款利息	5 万	贷款利息	5 万
		业主应得的工资	3 万
		自有资金利息	1 万
总成本	97 万	总成本	101 万
利润	3 万	利润	−1 万

从表 4-1 可以看出经济学家与会计师计算的成本与利润不同，会计师算的是赚了 3 万元，而经济学家算的是亏了 1 万元，为什么？这是由于二者对成本含义的理解不同，导致对利润计算的结果也不同。

分析

无论是企业还是个人，他们在做决策的过程中都要衡量付出和回报，即成本和收益，下面我们站在企业的角度来认识成本和利润，找出企业利润增长途径。

（一）会计成本（显成本）

是指厂商在生产过程中按市场价格直接支付的一切费用，这些费用一般均可以通过会计账目反映出来，例如房租等费用。

（二）经济成本（显成本＋隐成本）

企业在生产经营中因使用各种生产要素所支付的代价。

（三）隐成本

是指厂商自己所拥有的用于该企业生产过程的那些生产要素

的总价格。

机会成本不同于会计成本，它不是做出某项选择时实际支付的费用或损失，而是一种观念上的成本或损失，是用来衡量做出某种选择所必须放弃的次优选择的价值。机会成本为经济社会进行资源配置提供了一个技术手段。通过机会成本分析，可以对定量资源的不同经营方向的投资效果进行比较择优，以实现资源利用的最大化。运用机会成本这个工具，人们进行选择和决策会变得明智得多。机会成本往往无法用货币数额精确地计算，它只是告诉我们无论选择什么都要付出代价，选择实际上是权衡目标与代价，并做出判断，确定这种选择是否值得，尽量减少企业投资决策的风险性。

三、损失最小化原理：生意冷清的餐馆和淡季的小型高尔夫球场为什么不能关门大吉

你是否曾经走进一家餐馆吃午饭，发现里面几乎没人？你是否会疑惑为什么这种餐馆还要开门呢？感觉几个顾客的收入不可能弥补餐馆的经营成本。

在做出是否经营的决策时，餐馆老板必须记住固定与可变成本的区分。餐馆的许多成本——租金、厨房设备、桌子、餐具等等——都是固定的。在午餐时停止营业并不能减少这些成本。当老板决定是否提供午餐时，只有可变成本——增加的食物价格和额外的侍者工资——是相关的。只有在午餐时从顾客处得到的收入少到不能弥补餐馆的可变成本，老板才会在午餐时间关门。

夏季度假区小型高尔夫球场的经营者也面临着类似的决策。由于不同的季节收入变动很大，企业必须决定什么时候开门和什

么时候关门。固定成本——购买土地和建球场的成本——又是无关的。只要在一年的这些时间，收入大于可变成本，小型高尔夫球场就要开业经营。

分析

企业做决策时一定要清楚什么时候盈利，什么时候停止营业，具体情况可以参考图 4-1。

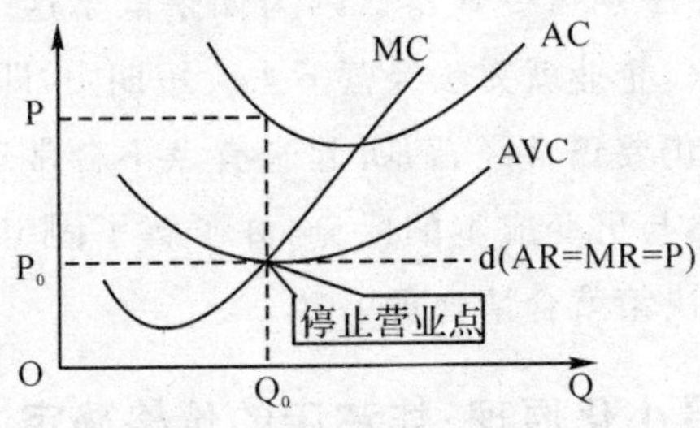

图 4-1　短期成本曲线图(一)

1. AC 的最小值对应的产量是收支相抵点，也称为盈亏平衡点产量。当价格 P 小于 AC 则亏损。

2. 平均可变成本(AVC)的最小值对应的产出量是停止营业点也称为关门点。P 小于 AVC 时，企业停止营业。

问题在于，当 P 小于 AC 的时候，企业明明知道生产会亏损为什么还要继续生产呢？也就是说，当你走进一家餐馆吃午饭，发现你是唯一的一个顾客，为什么餐馆还要继续营业呢？

答案是，在做出是否经营的决策时，餐馆老板要注意固定和可变成本的区分。饭店业通常说来固定成本相当大，占总成本的 80%左右，包括楼房与设备的折旧与维修、所用资金的利息、管理人员的工资等。可变成本仅占 20%左右，是经营时消耗的物品、电力、水以及服务员的工资。所以在淡季时，饭店可以在价格相当低，即只要能弥补平均可变成本时仍然营业。这是许多门可罗雀的饭店、游乐场，仍正常营业的原因，也是许多民航在上座率不高时仍正常飞行的原因。在这些行业中，当需求不旺时，往往用降价或打折等方法来吸引消费者。平均可变成本的概念也告诉了我们降价的下限是多少，这就是短期中的价格下限是平均可变成本。在正常情况下，无论是进行价格战，或在淡季以折扣吸引消费者，价格都不能低于平均可变成本。因为如果低于这一水平，连可变成本都收不回来，企业就无法经营下去。短期中，即使价格低于平均成本，企业也仍要正常经营，听起来有点不合常理，但你了解了短期中固定成本与可变成本的区分，并了解了固定成本的无法收回性之后，这种决策就合情合理了。

四、损失最小化原理：炸鸡店的价格确定

假设你经营一家炸鸡店，如果每月炸 1000 块鸡，总成本为 10000 元，其中 6000 元为固定成本，4000 元为可变成本，则每块炸鸡的平均成本为 10 元，每块鸡的平均固定成本为 6 元，平均可变成本为 4 元。

如果售价为每块 12 元，每块炸鸡可赚 2 元。如果售价为每块 10 元，不赔不赚，你会继续经营吗？若每块售价降到 8 元，每卖一块炸鸡要赔 2 元钱。你还会经营下去吗？每块为 5 元呢？

分析

边际成本曲线（MC）先穿过平均可变成本曲线（AVC）的最低点，后穿过平均总成本曲线（AC）的最低点，见图 4-2。

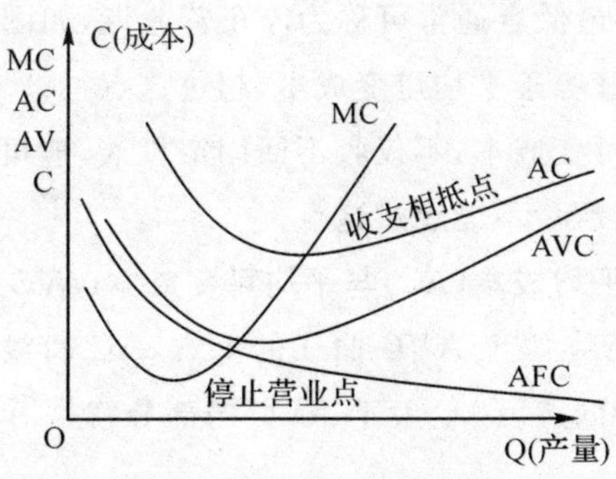

图 4-2　短期成本曲线图(二)

(一)边际成本(MC)和平均成本(AC)之间的关系

AC 曲线和 MC 曲线相交于 AC 曲线的最低点。相交前 MC 小于 AC,MC 曲线位于 AC 曲线的下方,AC 曲线必然会下降;相交后 MC 大于 AC,MC 曲线位于 AC 曲线的上方,AC 曲线必然会上升;在交点 MC 等于 AC。当 AC 等于 MC 时,AC 曲线既不上升,也不下降;且不管是上升还是下降,MC 的变动均快于 AC 的变动。

如果厂商销售商品的单价或平均收益等于 MC 和 AC 相交点,那么,这个最低平均成本点便称为收支相抵点(盈亏平衡点),如图 4-2,因为这一点正好平均收益等于平均成本,超过这点继续增加产量,平均收益小于平均成本,将导致亏损。

(二)边际成本(MC)和平均可变成本(AVC)之间的关系

U 形的 AVC 曲线和 MC 曲线相交于 AVC 曲线的最低点。相交前 MC 小于 AVC,AVC 下降,相交后 MC 大于 AVC,AVC 上升。当交点 MC 等于 AVC 时,AVC 处于最低点。且不管是上升还是下降,MC 的变动均快于 AVC 的变动。

如果厂商销售商品的单价或平均收益等于 MC 和 AVC 相交

点，那么，AVC 最低点通常可称为停止营业点，如图 4-2，因为这一点平均收益正好等于平均可变成本，超过这点继续增加产量，平均收益小于平均可变成本，不仅收不回固定投入，连可变投入也不能完全收回，所以产量不能超过这点。

(三)短期平均成本(AC)与平均可变成本(AVC)的关系

AC 曲线始终位于 AVC 曲线的上方，AC 曲线的最低点高于 AVC 曲线的最低点。AC 大于 AVC 的部分就是 AFC。

五、收益最大化原则：一个家庭奶牛场的收益

我们根据一个家庭奶牛场的收益情况来具体分析总收益、平均收益和边际收益这三个概念(见表 4-2)。

表 4-2 苏军家庭奶牛场的收益

数量(升)(Q)	价格(元)(P)	总收益(元)(TR＝P×Q)	平均收益(元)(AR＝TR/Q)	边际收益(元)(MR＝△TR/△Q)
1	6	6	6	—
2	6	12	6	6
3	6	18	6	6
4	6	24	6	6
5	6	30	6	6
6	6	36	6	6
7	6	42	6	6
8	6	48	6	6

(一)总收益(TR)

指的是销售商品的全部收益。一般用商品价格(P)×商品销售数量(Q)表示。

$$TR=P\times Q$$

例如,如果一升牛奶卖 6 元,而且奶牛场出售 1000 升,那么,它的总收益就是 6000 元。

(二)平均收益(AR)

指的是企业销售的每一单位产量平均得到了多少收益。平均收益等于总收益除以产量。总收益是价格乘以产量(P×Q),而平均收益是总收益(P×Q)除以产量(Q)。因此,在商品价格不变的前提下,对企业来说,平均收益等于销售商品的价格。

$$AR=P$$

(三)边际收益(MR)

指的是每多销售一单位产量所引起的总收益变动量。总收益是 P×Q,而对竞争企业来说,P 是固定的。因此,当 Q 增加一单位时,总收益增加 P 元。对竞争企业来说,边际收益等于销售商品的价格。

$$MR=P$$

分析

企业寻找利润增长点的三种途径:

1. 从利润的来源上寻找。

通常的情况下,企业通过营销手段扩大收益,通过管理手段降低成本以实现利润的增长,问题是:这种"分而治之"的想法在理论上虽然成立,但是在实践中变得越来越难。

问题的根源是这两者之间不是孤立的和静止的,而是相互作用和转化的。认识到这个根本上的原因就会明白为什么单纯从营销和管理的独立层面实现不了企业的利润增长,而是需要思考与回答诸如"谁给我们钱""他们能够给我们多少和多久""我们需要多少成本掏出他们的钱”等之类的问题，因为这是关于利润来源的真正思考。比如，一件对提高中年男性肾功能有作用的保健品，虽然使用者是中年男性，但是真正掏钱购买的人大多数是他们的太太和送礼的人，而不是吃的人；和送礼的人相比，太太又是愿意重复掏钱、掏得久的人。同时进一步的分析还会发现，在这些掏钱的太太中，从事经商的商务男士的专职太太们掏钱的成本最低。由此，一个针对中年男性保健品的盈利点设计就找到了。

在此基础之上，再进行营销和管理上的设计，如传播内容、形式、渠道、市场开发计划、管理手段等，这个产品的盈利模式就形成了，企业的利润增长点自然也就形成了。这里需要特别说明的是，如果仅仅从营销或者内部管理的独立思考，很可能也可以找到所谓的产品卖点之类的东西，但是一定找不到从利润出发的模式化经营方案，这也是为什么在脑白金之后，在将近 10 年多的时间里，保健品行业中没有一个企业或者产品真正能出其右的真实原因。

2. 从利润的生成过程中寻找。

很多人非常习惯也非常擅长从利润差价中寻找利润的增长点，对利润的生成过程却想得不多，办法也很少。所谓的利润生成过程是指“利润最大化的交易时间、地点和可复制程度”。例如，一种原来在超市中卖了很久的朗姆酒，销量和市场份额都不错，但是由于竞争者的不断加入，产品利润持续下降。企业仔细分析利润的生成过程之后，发现这种酒在酒吧和 KTV 等娱乐场所交易的价格更高，于是设计了一个与产品相匹配的玩具，只随产品一起供应，结果产品销量和利润持续同步增长。再比如，一个服装企业定位于高端人群，它既不设专卖店，也不做广告，而是只针对写字楼里的老板进行个人定制服务，结果在上海一个地方每年的利润就有将近 1000 万元，这种盈利模式不是从广告、营销，更不是从产品销售角度思考能够得来的。这样的例子很多，尤其是在产品同化、销售同化的时代，着眼于利润的生成过程往往会获得意想不到的收益。

3. 从利润的产出形式上寻找。

在美国西海岸曾经有一个连续多年蝉联越野车销售冠军的汽车销售商，不但销售的数量是同行的冠军，而且利润也是第一。刚开始的时候，卖越野车靠规模、新产品、促销等手段可以维持销量，但利润得不到保障，因为大家在利润的来源和生成过程上大同小异，于是这家企业的老板开始在利润的产出形式上做文章，经过研究他做出这样的调整：新车厂价销售，不要任何利润，但车辆改装要签约，由他的企业独家承揽。因为他发现开越野车的人在买新车的时候不愿意多花一块钱，可是改装自己的车却愿意不断地大把大把地掏钱。实际上，很多时候利润的多少不仅仅是由差价决定的，利润的产出形式变得越来越重要，能否发现这种产出形式上的细分差别往往决定了一个产品或者一个企业的盈利能力。

素质与技能训练

一、选择题

1. 下列说法中错误的说法是（　　）。

   A. 只要总产量减少，边际产量一定是负数

   B. 只要边际产量减少，总产量也一定减少

   C. 随着某种生产要素投入的增加，边际产量和平均产量增加到一定程度后将趋于下降，其中边际产量的下降一定先于平均产量的下降

   D. 边际产量一定在平均产量曲线的最高点与之相交

2. 对于生产函数 $Q=f(L,K)$ 成本方程，$C=P_L L+P_K K$ 来说，在最优生产组合点上，(　　)。

A. 等产量线和等成本线相切

B. $MRTS_{LK}=P_L/P_K$

C. $MP_L/P_L=MP_K/P_K$

D. 以上说法都对

3. 生产函数衡量了(　　)。

A. 投入品价格对厂商产出水平的影响

B. 给定一定量的投入所得到的产出水平

C. 在每一价格水平上厂商的最优产出水平

D. 以上都是

4. 经济学中短期和长期的划分取决于(　　)。

A. 时间长短　　B. 可否调整产量

C. 可否调整产品价格　　D. 可否调整生产规模

5. 一个厂商在长期中可以完成下列哪些调整(　　)。

A. 采用新的自动化生产技术，节约生产线上 30%的劳动力

B. 雇用三班倒的员工，增员扩容

C. 中层管理者实行成本节约法

D. 以上措施在长期内都可行

6. 边际报酬递减规律成立的前提条件是(　　)。

A. 生产技术既定

B. 按比例同时增加各种生产要素

C. 连续增加某种生产要素的同时保持其他生产要素不变

D. A 和 C

7. 等产量曲线上的各点代表了(　　)。

A. 为生产相同产量，投入要素的组合比例是固定不变的

B. 为生产相同产量,投入要素的价格是不变的

C. 生产相同产量的投入要素的各种组合比例

D. 为生产相同产量,成本支出是相同的

8. 当总产量达到最大值时,(　　)。

A. 边际产量大于零　　B. 边际产量等于零

C. 边际产量小于零　　D. 边际产量等于平均产量

9. 边际产量曲线与平均产量曲线的相交点是在(　　)。

A. 边际产量大于平均产量

B. 边际产量小于平均产量

C. 边际产量等于平均产量

D. 边际产量等于总产量

10. 在规模报酬不变阶段,若劳动的使用量增加10%,资本的使用量不变,则(　　)。

A. 产出增加10%　　B. 产出减少10%

C. 产出的增加大于10%　　D. 产出的增加小于10%

11. 某厂商每年从企业的总收入中取出一部分作为自己所提供的生产要素的报酬,这部分资金被视为(　　)。

A. 显成本　　B. 隐成本

C. 经济利润　　D. 会计成本

12. 当产量为9单位时,总成本是95元;当产量为10单位时,平均成本是10元,此时的边际成本等于(　　)。

A. 1元　　B. 10元

C. 0元　　D. 5元

13. 下列项目中可称为可变成本的是(　　)。

A. 管理人员的工资　　B. 生产工人的工资

C. 厂房的折旧　　D. 机器设备的折旧

14. 短期边际成本曲线与短期平均成本曲线的相交点是(　　)。

A. 平均成本曲线的最低点

B. 边际成本曲线的最低点

C. 平均成本曲线下降阶段的任何一点

D. 边际成本曲线的最高点

15. 利润最大化的原则是(　　)。

A. 边际成本小于边际收益　　B. 边际成本等于边际收益

C. 边际成本大于边际收益　　D. 边际成本等于平均成本

16. 已知某企业生产的商品价格为 10 元,平均成本为 11 元,平均可变成本为 8 元,则该企业在短期内(　　)。

A. 停止生产且亏损　　B. 继续生产且有利润

C. 继续生产且亏损　　D. 停止生产且不亏损

二、问题与应用

1. 总产量与边际产量、平均产量与边际产量之间存在什么关系?如何根据这种关系确定一种生产要素的合理投入区间?请画图说明。

2. 张先生辞去了他在一家计算机软件公司的工作并开办了自己的软件公司。辞职前他的工资为 50000 元/年,他的新公司开在自己的一座房子里,这座房子以前出租的租金为 24000 元/年。新公司第一年的支出如下:支付给自己的工资 40000 元,租金 0 元,其他支出 25000 元。请计算张先生新办的公司的会计成本和机会成本。

3. 李先生正考虑开一家五金店。他计算,租仓库和买库存货物每年要花费 50 万美元。此外,他要辞去每年 5 万美元的会计师工作。

(1)给机会成本下个定义。

(2)李先生经营一年五金店的机会成本是多少?如果李先生认为他一年可以卖出 51 万美元的商品,他应该开这家店吗?请解释原因。

4. 假设你经营一家炸鸡店,每块炸鸡的平均成本为 10 元。如果售价为每块 12 元,每块炸鸡可赚 2 元。如果售价为每块 10 元,不赔不赚,我们称为收支相抵,尽管利润为零,但可得会计利润。若每块售价降到 8 元,每卖一块炸鸡要赔 2 元钱。是否现在还经营下去?

三、案例分析

1. 香港有一家皮鞋作坊,父子俩经营,厂店合一,手工定做皮鞋。他们制作的皮鞋极为精致,根据每个人的脚形制作,穿着极为舒适。价格和名气都远远超过“老人头”之类的世界名牌。李嘉诚、金庸这些名人都穿这家店的鞋。类似这样的鞋厂,世界上还不少，如伦敦的 Lobb 等。在制鞋大国意大利，60%的名牌鞋出自小厂，有 80%的这种小厂工人人数在 20 人以下。

思考讨论：这样的企业有必要成为鞋业老大吗？为什么？

2. 某飞机生产商投入大笔资金开发出一种新型飞机。巨额投入使得公司财务背负了沉重的负担。如果不尽快获得一些大额订单，这家厂商将不得不关闭部分工厂，而且将造成 1.2 万名工人失业。这种结果无论对工人还是对他们所居住的城镇来说都是灾难性的。该公司总裁似乎一直在游说某外国政府签订一份巨额采购协议。他无意中得知该国主管此事的部长由于赌博欠下大笔债务，于是暗中和那名部长进行联系，许诺一旦获得五架飞机的订单，立刻付给该部长 100 万美元作为酬劳。公开与私下的交易最终都达成了。这名总裁认为他的行为是合理的，因为这确保了企业生存、工人就业和居住地的安宁，那名部长偿清了债务，外国政府获得了所需的飞机，他认为他的行为所产生的利益远远大于贿赂行为可能造成的消极影响。他的观点正确吗？

四、课后实训

1. 分析某企业生产的投入产出关系。

(1)联系一家企业,收集有关经济数据。

(2)计算有关投资、产量、销售量、成本、收益等指标。

(3)分析其生产规模与收益的状况。

(4)编写分析报告。

2. 实训基地企业采访——“价格低于工厂成本的订单该不该接?”

(1)按照分工的小组,带着问题到实训基地企业采访,了解企业成本的构成,以及价格构成。

(2)小组讨论“价格低于工厂成本的订单什么情况下该接? 什么情况下不该接?”

(3)小组要给出此案例的分析结果,并说明对“利润最大化”的理解。

项目五 合作社如何进行经济决策

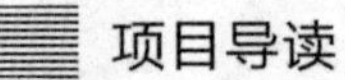

项目导读

刘洪安学的是会计，但他一毕业就开始自己创业，由于资金有限，他就从早点生意做起。他的早点铺主要卖豆腐脑和油条。起初，刘洪安和其他经营者一样，为了节省成本，头一天用过的油第二天接着用，如此循环，没觉得有什么不妥。

一次上网时，他看到一则消息说，食用油反复加温会产生大量有害物质，他觉得很震惊。想着自己每天卖出去的油条居然会对他人的健康造成这么大的威胁，刘洪安有些良心不安，他决定用一级大豆油炸油条，而且只用一次。

为了让顾客吃得放心，他在铺子旁写上“己所不欲，勿施于人”“安全用油，杜绝复炸”的大标语，还用一张白纸写上了如何鉴别复炸油的方法，贴在了临近油锅的窗口上。同时，他还在油锅旁放了一个“验油勺”，顾客如果不放心，可以随时拿起勺子检验。

这些措施果然吸引了不少顾客，大家不怕多出钱，就怕吃得不健康。虽然刘洪安每天都要倒掉二三十元钱的油，但可喜的是，生意越来越好，别的铺子都冷冷清清，而他这里却排起了长队。连当地媒体也被这家小吃铺吸引，纷纷前来采访报道。刘洪安一不小心成了新闻人物，并一跃成为网络红人，大家亲切地叫他“良心油条哥”。

出了名的刘洪安，依然守着自己的早点摊，不过，现在他家的生意可是今非昔比了，营业额翻了好几番。面对大家一致的称赞，刘洪安有些搞不懂，自己的早点铺位置并不好，也不比别人的高级，只是凭着良心卖油条，咋一下子就火了呢？

其实，百姓心里有杆秤，这秤最准、最公道！只要讲良心、有信誉，即使不打一分钟广告，也会顾客盈门。因为良心就是最好的卖点。这就是垄断竞争市场的特点，走差异化的道路才能有自己的一片天地。

每个家庭几乎每天都要到菜市场上买一些新鲜的蔬菜、鱼、肉、禽、蛋等各种副食品。菜市场上充满了大大小小的商贩，仔细观察却会发现，虽然市场上的卖者非常多，相同商品的价格几乎没有差异，任何擅自抬高菜价的商贩都将无人问津，而作为消费者的我们，对于要购买哪一种菜，要买多少，有着绝对的自主权。

再来看手机移动通信这个市场。现代社会，通信越来越发达，手机几乎已经成为人们必备的一件日常工具，但相当长时间里，我们却只能在移动与联通这两家公司中来做出选择。如果我们要使用手机，就必须接受它们所提供的仅有的几项业务服务，并为此支付它们所要求的报酬。在手机移动通信市场上作为消费者的我们失去了在菜市场上拥有的大部分权利。

这里涉及市场结构问题，不同的市场结构类型，其产量和价格的制定策略是不相同的。本项目研究在不同类型的市场上，厂商（企业）如何决定其产品的价格和产量。

知识结构图

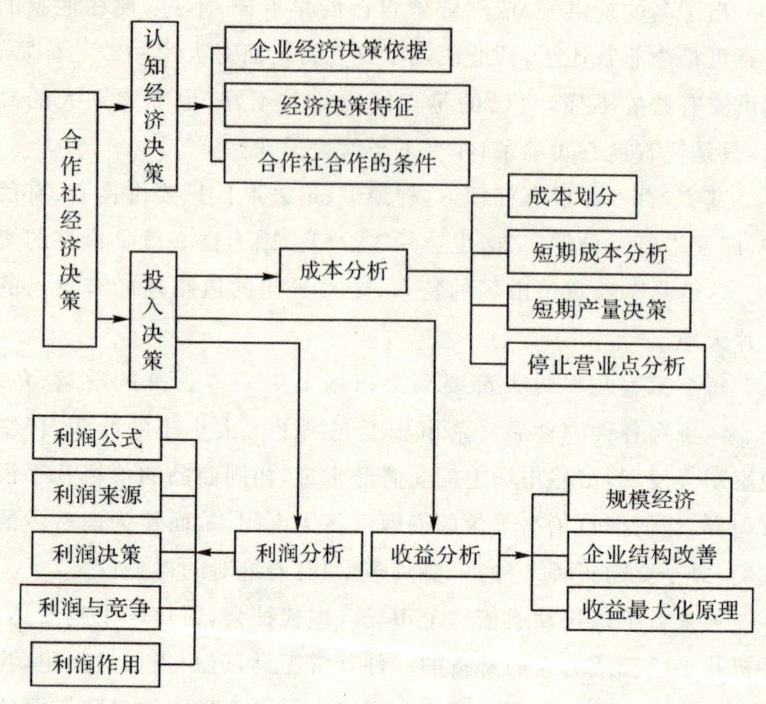

经典案例阅读

一、优惠券和回扣的经济学

加工食品和相关的消费物品的生产商常常发一些让人们以折扣价购买它的产品的优惠券。这些优惠券通常是作为该产品广告的一部分散发的，它们也可能出现在报纸和杂志上，或者作为促销邮件的一部分。例如，一种特定的早餐麦片的优惠券在购买一盒该种麦片时值 25 美分。厂商为何要发这些优惠券？为什么它不只是降低产品的价格，并因而省下印制和回收这些优惠券的成本？

案例点评

优惠券提供了一种价格歧视的方法。研究表明只有大约20%—30%的消费者有心去剪下、保存并在购物时使用优惠券。这些消费者比那些忽略优惠券的消费者对价格更敏感。通常他们需求的价格弹性更高而保留价格较低。因此通过发优惠券，一个麦片公司能够将它的顾客分成两组，并且实际上给那些对价格更敏感的顾客低的价格。

回扣方案以同样的方法起作用。例如，柯达公司有一个回扣方案是只要消费者寄回一张表格并附上购买三卷胶卷的证明，就能收到1.5美元的回扣。为什么不只是将一卷胶卷的价格降低50美分？这是因为只有那些具有相对价格敏感的需求的消费者才会不嫌麻烦寄回东西并要求回扣。该方案同样也是价格歧视的一种方法。

二、大型养鸡场为什么赔钱

为了实现市长保证"菜篮子"的承诺，许多大城市都由政府投资修建了大型养鸡场。结果，这些养鸡场在市场上反而竞争不过农民，往往赔钱者多。这里的奥妙何在呢？

从经济学的角度看，这首先在于鸡蛋市场的市场结构。我们知道，鸡蛋市场有三个显著特点：第一，市场上买者与卖者很多，即使是一个大型养鸡场在市场上所占的份额也是微不足道的，难以通过产量控制价格。用经济学的术语说，每家企业都是价格接受者。第二，鸡蛋是无差别产品，企业也不能用产品差别形成垄断力量。第三，自由进入与退出。这三个特点决定了鸡蛋市场是一个完全竞争市场。

案例点评

在鸡蛋这样的完全竞争市场上,短期内如果供大于求,整个市场价格低,养鸡可能亏本;如果供小于求,整个市场价格高,养鸡可以赚钱。但在长期,养鸡企业(包括农民和大型养鸡场)则要对供求做出反应,决定产量多少或进入还是退出。假如由于人们受胆固醇不利于健康的宣传而减少了鸡蛋的消费,价格下降,这时养鸡企业就应做出减少产量或退出该行业的决策。假如由于鸡蛋出口增加,价格上升,这时养鸡企业就应做出增加产量的决策。长期看来,通过供求的这种调节,鸡蛋市场实现均衡,社会得到满足,生产者也感到满意。这说明,完全竞争市场上长期均衡的关键是生产者对市场供求变动做出反应。

大型养鸡场的不利之处正在于这种调节能力不如农民。我们知道,养鸡的短期成本分为固定成本(鸡舍等支出)和可变成本(鸡饲料、劳动等)。如果短期价格低于平均总成本企业要亏本,但只要高于平均可变成本就可以维持生产。大型养鸡场的固定成本远远高于农民。当价格低时,农民由于固定成本低,甚至可以不计劳动成本,只要能弥补饲料成本就可以维持生产,而此时大型养鸡场要支付高额固定成本,必然难以经营,造成的大量亏损由政府补贴。当价格高时,许多农民会迅速进入养鸡行业,大型养鸡场则难以迅速扩大。农民迅速进入使短暂的赢利机会消失,大型养鸡场则难以利用这个机会。船小好调头,养鸡市场上农民就是如此。在长期中,鸡蛋市场均衡价格等于农民的生产成本加正常利润。而这一价格低于大型鸡场的总成本,大型养鸡场必然亏损了。

三、大学毕业生的创业梦

小张大学毕业后，针对专接本考试办理辅导班，前期办理许可证花费10000元，聘用教师花费20000元，教室的租赁费10000元，每位学生资料费50元，参加补习班学生每人交纳学费500元。业务员招生提成10%。问需要招到多少学生才能做到损益平衡？试算损益平衡人数(+1人)、(-1人)时公司的收益情况。

案例点评

FC＝10000＋20000＋10000＝40000，AVC＝50＋50＝100。

设损益平衡时学生人数为X，根据TR＝TC列方程：

500X＝40000＋100X，X＝100。

根据上述方程就能计算出不同损益平衡人数情况下公司的收益情况了。

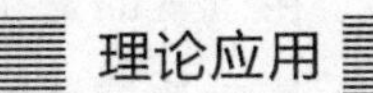

一、厂家均衡原理：是是非非话微软

21世纪初，世界计算机行业的最大新闻莫过于微软老板比尔·盖茨辞去首席执行官的职务，而由其好友鲍尔默接任了。在这一事件的背后是美国联邦司法部对微软垄断问题长达10年的调查与诉讼。1998年11月5日，美国联邦地区法院法官汤姆斯·杰克逊公布了一份长达207页的事实认定书，认为微软在个人电脑操作系统中独占了巨大的市场份额，打击、威胁竞争对手，使其他企业难以进入该市场。2000年6月，美国地方法院做出对微软拆分的判决。2001年6月，上诉法庭推翻地方法官对浏览器案件的裁决，微软躲过被拆分的命运，但其违反反垄断法罪名成立。2001年11月，微软和美国司法部达成和解。2002年，美国联邦法院批准了和解协议，但微软仍需面对至少为期5年的惩罚性措施。

但为什么民用飞机全球市场占有率超过70%的波音公司能够顺利地兼并麦道公司，而且兼并后的公司在美国民用飞机市场的占有率可以远远超出反垄断的底线呢？道理很简单，波音面对的是欧洲空中客车公司，而IT业反垄断涉及的都是美国国内的企业。政府所做的一切都要以国家利益为出发点。难怪人们要担心：高技术业过去在没有美国政府的指导下，日新月异地快速成长，现在政府的干预行动最终会不会伤害美国在世界经济中的领导地位。

分析

在微软的这个案子中，美国司法部长说得很明白，他们的目的并不是要扶持 Netscape 或其他任一与微软在浏览器软件上竞争的厂商，也不是要扶持 Sun 或任一与微软在操作系统上竞争的厂商，只是为了维护一个公平竞争的环境。公平竞争是美国商业的精神。对于公平竞争的保护，也是微软反垄断案给我们带来的最大的启示。

二、产品差异化原理：企业成功的秘籍

美国杜邦公司是生产化工产品的，产品大多用作原材料，所以他们没把小小的包装当回事。20世纪50年代初，杜邦产品的市场占有份额在不断下降。问题何在呢？杜邦为此成立了一个调查

小组,最后发现他们产品的质量并不比其他产品差,但问题却出在他们最不重视的一个细节——包装上。杜邦产品的包装一是质量太差,常有包装破损影响产品完整性的情况;二是包装毫无特色,在相同的产品中难以引起消费者的注意。同时,在调查中,他们发现,有63%的消费者在选购物品时重视包装。

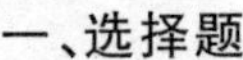

包装应该占产品生产成本的3%—15%。低于3%,包装达不到基本要求——保护产品的完善性;但高于15%,消费者会由于价格高而不接受,这被称为杜邦定理。杜邦公司在改进包装之后,产品又有了竞争力。可见包装这点小差别对成败也相当重要。

素质与技能训练

一、选择题

1. 在完全竞争市场上,生产要素的边际收益取决于(　　)。

   A. 该要素的边际生产力　　B. 该要素的平均收益

   C. 该要素的价格水平　　D. 该要素的平均产量

2. 随着工资水平的提高(　　)。

   A. 劳动的供给量会一直增加

   B. 劳动的供给量先增加,但工资提高到一定水平后,劳动的供给不仅不会增加反而会减少

   C. 劳动的供给量增加到一定程度后就不会增加也不会减少了

   D. 劳动的供给量变化无定数

3. 地租不断上升的原因是(　　)。

   A. 土地的供给与需求共同增加

B. 土地的供给不断减少,而需求不变

C. 土地的需求日益增加,而供给不变

D. 土地的供给与需求共同减少

4. 土地的供给曲线是一条(　　)。

A. 向右上方倾斜的线　　B. 与数量轴平行的线

C. 与数量轴垂直的线　　D. 向右下方倾斜的线

二、案例分析

1. 在旧社会一个村中有两个地主,一个叫赵恶人,一个叫王善人。假设两个地主各有 100 亩小麦,每亩产量 200 斤,预计收成为 2 万斤,每斤小麦 2 毛钱,预计收入 4000 元。在收割小麦时,每人雇用 5 名短工,假设当时短工市场平均工资为每天 1 元,同时负责吃住。赵恶人支付每天 1 元的市场均衡工资,同时吃住条件很差,每人每天仅 2 毛钱。王善人支付高于市场均衡水平的工资,每天 1.5 元,同时吃住条件较好,每天每人 3 毛钱。赵恶人实际支出 1.2 元,王善人实际支付 1.8 元。

王善人支付的实际工资高,短工当然想给王善人干活,王善人就可以选到最好的短工。而且在高工资的激励下,短工工作勤奋、认真。这样 12 天就高质量地完成了收割工作,且没有损失。共计支付费用 108 元(1.8 元/人·天×5 人×12 天)。赵恶人支付的实际工资低,只能在剩下的短工中选择,短工素质比较低。由于待遇低短工出工不出力,收割不认真,结果 15 天才干完,且损失产量 2%。赵恶人的实际支出 90 元(1.2 元/人·天×5 人×15 天),产量损失 80 元(4000 元×2%),总计为 170 元。

请分析为什么王善人支付工资高,劳动成本反而低呢?

2. 1914年1月，亨利·福特宣布他将把福特汽车工人每天的工资由2.34美元提高到5美元，即支付他的工人每小时0.625美元，其他汽车企业支付的平均工资只有每小时0.2美元。为什么亨利·福特要支付给自己的员工超过其他企业两倍的工资？起因是福特刚刚在密歇根州高台公园的工厂里安装了第一条流水线。这条流水生产线极大地提高了劳动生产率，但大多数福特的员工非常憎恨它。

在旧的安装体系下，汽车在工厂的地面上保持不动，然后工人在汽车之间穿梭并完成多项组装任务。而在流水生产线体系下，每个工人整天在同一地点，重复同样的工作，有时仅仅安装一个螺钉或拧紧一个螺母，工作内容千篇一律。很多工人觉得这样的工作极端无聊，从而辞职转投其他的自动化企业。每当一个工人离开，福特就必须支付雇佣和培训新人的开支。这些开支相当高：1913年12月31日在该公司任职的150000名工人，只有640人在福特的工作时间长于3个月。

引入每天5美元工资制后，福特要维持每天早上在工厂门外求职队伍的秩序都成了问题。《纽约时报》报道了福特刚开始实行这一工资政策时早上的情形："1.2万男性……（冲向）工厂，形成骚乱，并不得不求助于消防水龙头以驱散人群，但这都无济于事……只要这些寻求工作的人衣服干了或换了，他们就又回来了。"福特开始支付的就是效率工资。根据福特的正式传记作者所言，支付每天5美元的工资政策，具有"改进了工人纪律，给了他们更忠诚的利益驱动，提升了个人效率"的作用。后来，福特自己也写道："每天5美元的8小时工作制是我们最成功的成本削减方法。”

请问工人的工资由哪些因素决定?

三、课后实训

1. 分小组查找相关资料,分析中国现阶段的扶贫政策对于社会的影响。在查找资料的基础上进行辩论:

(1)题目:扶贫政策是积极的,有利于社会公平。

(2)题目:扶贫政策是消极的,滋长了偷懒的风气。

(3)在辩论的基础上,撰写小论文,分析扶贫政策的好处和弊端。

项目六　合作社的制度安排

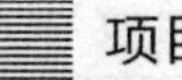

项目导读

教育——人力资本投资对于一个国家的长期经济繁荣至少和物质资本同样重要。一些经济学家认为,人力资本对经济增长特别重要,因为人力资本带来正的外部性——一个人的行为对旁观者福利的影响。例如,受教育的人会产生一些提高生产率的新想法,而这些新想法会被社会更多人采用,从而提高社会劳动生产率,这就是教育的外部收益。所以国家实行义务教育,投入大量的补贴到教育中正是基于此原因。另外,贫穷国家面临着人才外流的风险,获得高教育的人移民到富国,或者穷国家学生到富国学习先进知识,但是毕业后却选择不回国,这使得穷国的人力资本越发缺乏。

在中国农村许多地方一些农民子弟,家庭供其读完高中或者大学,“家读穷了,眼读瞎(近视)了”,毕业后却仍是应聘打工,仍难成为白领。农民是最讲实际的,眼前的实惠和利益使他们认为上不上高中或者大学都一样,与其花大钱、费大劲去读书,不如趁早去打工,去挣钱。一些人便总结出诸如“上学就是为了能考上大学”“如果考不上大学,书读再多也没有用”“一文不识,一天几十(元)”等等结论。农村的贫困文化使农民对教育采取一种功利化的价值取向，对农村学生的辍学现象起到了推波助澜的作用。你对这个问题是怎么看的呢？

知识结构图

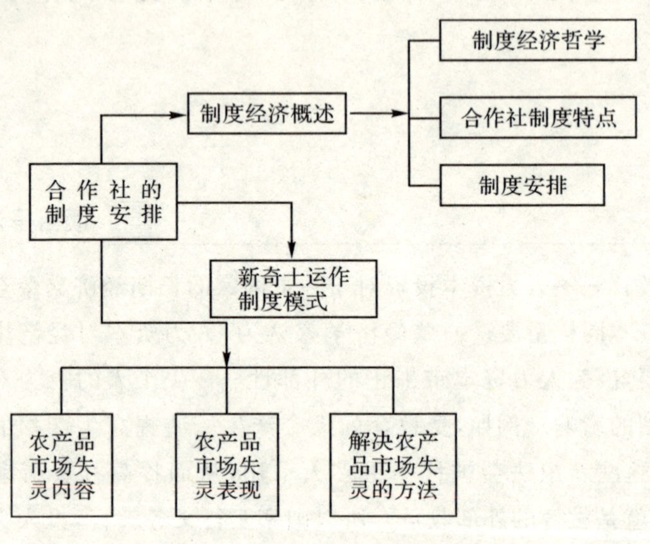

经典案例阅读

一、城镇化是新时期中国经济增长的发动机

城镇化是我国现代化建设的历史任务，与农业现代化相辅相成。要遵循城镇化的客观规律，积极稳妥推动城镇化健康发展。坚持科学规划、合理布局、城乡统筹、节约用地、因地制宜、提高质量。

——2013 年《政府工作报告》

2013 年，中国 GDP 总量由 1978 年排位世界第十位跃居到世界第二位，人均GNI已从低收入水平成功迈进中上等收入国家行列。中国之所以能在较短时间内取得如此巨大的发展成就，主要是依靠改革开放，从供给和需求两方面进行了战略性调整。在国内外形势变化条件下，继续沿着以往的发展道路难以为继，中国必须寻找新的增长源泉。今后一个时期，加快推进城镇化便是一个最好选择。

同工业化相比，城镇化在很大程度上可以创造需求，城镇发展从基础设施建设、公共服务体系构建和消费品市场扩张都能大量消化工业化产品。城镇化不仅仅表现为城镇空间的扩展，更重要的还表现为人口的集聚和城镇人口规模的扩大。大规模人口城镇化，会产生巨大的收入增长和消费转换效应。因为大量人口转为市民后，从买房、买家电到吃穿用行，都直接或间接地带来了巨大的投资和消费需求。城镇化的实践经验表明：城镇化率每提高一个单位，就能带来人均国民收入的明显增长，由此可显著提高国民的购买能力。同时，大量农民进城落户后，即使是收入水平不变，消费倾向和消费结构变化也会向有利于增加工业品消费需求方向转化。另外，从供给角度分析，城镇化还可以促进产业结构调整和升级。世界发达国家的城镇化经验表明：当一国的工业化达到一定阶段时，推进城镇化可以增加第三产业的就业弹性和就业规模，提高服务业在产业结构中的比重。即便是制造业结构转型和升级也离不开城镇化。大部分技术创新活动都是在城镇开展和完成的，城镇为技术研发和推广提供了难得的支撑平台，是人力资本提高和知识积累的大熔炉，工业化推进到一定阶段后，产业结构调整和升级必须依赖城镇化的推进来完成。

案例点评

当工业化达到一定阶段后,城镇化是调整经济结构、促进经济增长的新发动机。还需要强调的是,一个经济体从中等收入向高收入阶段迈进过程中,构建以中等收入阶层为主体的橄榄型社会结构尤为重要,在这一时期,城镇发展恰恰能为中等收入阶层集聚和成长提供主要空间,显然城镇化也是推动社会结构转型的动力来源。

二、自然资源没有你想象的那么重要

以色列没有什么石油资源可言,但是它却比很多拥有大量石油储备的中东近邻国家富裕得多。根据国际货币基金组织公布的数据,2012 年以色列人均名义 GDP 为 31296 美元,相比之下,沙特阿拉伯为 25085 美元,伊朗为 7211 美元,伊拉克 6305 美元。同时资源贫乏的日本和瑞士比资源丰富的俄罗斯富得多:2012 年人均名义 GDP,瑞士 79033 美元,日本 46736 美元,俄罗斯 14247 美元。而这些并不是特例。

案例点评

经济学家认为,丰富的自然资源实际上可能是发展的有害物。物产丰富的国家被那些弊大于利的经验所改变。美国人韦兰在其 2002 年所著《赤裸裸的经济学》一书中指出:对 97 个国家在过去 20 多年的经济绩效进行研究发现,资源越少的国家,经济增长速度越高。矿产富豪改变了经济:第一,它们将资源从其他产业中转移出去,而这些产业可能对长期增长有利。缺乏资源的国家通向繁荣之路始于劳动密集型出口,之后,逐渐提高技术密集型出口。在此过程中,这些国家和地区变得更加富裕。第二,资源丰富的经济更容易受到物产价格大幅波动的伤害，例如石油输出国组织。最后最重要的是，国家本来可以使用来自自然资源的收入让他们的境况更加美好——但是他们没有。

三、应用农业物联网——农田装上“千里眼”“顺风耳”

无论身在何地，只要打开手机、电脑，就可一览苗情墒情，田间管理亦可遥控操作；无论产品身处何方，通过扫描其专属身份编码，便可详知生产、加工、运输的所有环节……

记者昨日从滨海新区获悉，农业物联网技术的应用使得滨海新区农业正步入“智慧农业时代”，加速农业增产农民增收。昨日，记者在汉沽茶淀镇的一个葡萄大棚内看到，大棚中央安装着一个WebGIS传感器，可以实时地将数据传输给智能控制系统，自动计数棚内的微小昆虫，再结合植物叶面分析系统，农户可以判定葡萄病虫害的发生动态，从而调节作物的生长环境。

“该系统在生产前可以给农户建议，在生产过程中可以预警病虫害，在产后可以反馈种植信息，并把这些试验区采集到的信息通过农村广播和手机短信发布给更多的葡萄种植户，形成针对新区葡萄生产的一个决策服务平台。”汉沽农业技术推广站站长吴东风告诉渤海早报记者，系统还将集成测土配方施肥、节水灌溉等技术，为大棚通风、喷洒农药、浇灌施肥等提供参考，让对葡萄种植的外行也能根据建议开展种植。今年，汉沽先期设置1000多亩的示范区，预计农民可增加收入300万元。

——天津北方网，2013年5月6日

案例点评

很多地区在农业种植、水产养殖等方面推广了物联网技术，给农田装了“千里眼”和“顺风耳”。通过实时监控，农田里的农作物“四情”、养殖环境参数都被自动检测出来，运用编好的程序进行数据处理、统计分析，为政府决策、农业技术指导和生产经营提供了全方位的信息服务。

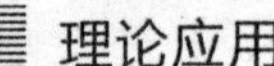

理论应用

一、市场失灵原理：两代经济学家的两种答案

20 世纪初的某天，列车在绿草如茵的英格兰大地上飞驰。车上坐着英国经济学家庇古。他一边欣赏风景一边告诉同伴，列车在田间经过，机车喷出的火花（当时是蒸汽机车）飞到麦穗上，给农民造成了损失，但铁路公司并不用向农民赔偿。这正是市场经济无能为力之处，称为“市场失灵”。

将近 70 年后，1971 年，美国经济学家乔治·斯蒂格利茨和阿尔奇安同游日本。他们在高速列车上（这时已是电气机车）见到窗外的稻田，想起了当年庇古的感慨，就询问列车员铁路附近的农田是否收到列车的损害而减产。列车员告诉他们，情况恰恰相反，飞速驰过的列车把吃稻谷的飞鸟吓走了，农民反而受益。但铁路公司没有向农民收取相应的费用。这同样是市场经济无能为力的表现，也称为“市场失灵”。

分析

同样一件事在不同的时代与地点，结果不同，两代经济学家的感慨也不同。但从经济学的角度看，火车通过农田无论结果如何，其实说明了一件事：不管外部经济或不经济，从社会的角度看都会导致资源配置的错误，即造成市场失灵。

二、价格歧视原理：商家为什么会看人下菜碟

雷克萨斯是目前世界上最成功的日系豪华车，目前中国市场上主要有 GS300 和 GS430 两款车型。

国内雷克萨斯 GS300 售价 68.8 万元，跟德国市场约合人民币 44 万的价格比起来高了 20 余万元，这个价格更是比在美国的售价高出一倍。雷克萨斯 GS430 在美国市场的售价为 51500 美元，在欧洲市场售价为 54200 欧元，折合人民币均只有 40 万元左右。而同一款汽车，在国内的售价却超过 90 万元。这实质上是价格歧视即价格差异造成的。

在生活中，实行价格歧视的事例比比皆是：以前公园卖门票，对本国人卖低价，对外国人卖高价；大学生放假回家，只要手持学生证，就可以买到半价票；在北京坐公交车，刷卡便可以打四折；有的舞厅为了使舞客在跳舞时刻成双配对，甚至只让男士买票，女士可以免费。作为消费者，多付了钱可能会觉得吃亏了，所以他们一般都会反对商家的价格歧视行为而要求公平待遇。但是，价格歧视并不是受到所有消费者的抵制。

如果没有价格歧视，人人平等，实际上也未必会得到比较满意的结果。厂商向每一位顾客收取其刚好愿意支付的价格的做法叫作完全价格歧视。完全价格歧视从表面上看好像不公平，但其实未必。这是因为在整个价格歧视中，不同的有效需求者都能得到有效的供给，因而从需求与供给相等的意义上说，没有任何人遭到歧视。对价格敏感、需求弹性大的普通百姓而言，如果不被歧视，他们也许会很愤怒。美国 P&G 公司曾经一直采用折扣券制度，为积攒、保存、携带、出示折扣券的顾客（往往都是收入较低的顾

客)提供优惠价格。1996年,P&G公司以区分消费者需求弹性成本太高之名决定取消这种制度,引起了顾客的愤怒,甚至连纽约州司法部都介入了此事,强制要求P&G公司执行折扣券制度。所以说,价格歧视本身也是另类公平的一种市场体现。

分析

价格歧视通常指商品或服务的提供者在向不同的接受者提供相同等级、相同质量的商品或服务时,在接受者之间实行不同的销售价格或收费标准。经营者在没有正当理由的情况下将同一种商品或服务对条件相同的若干买主实行不同的售价,则构成价格歧视行为。

对于商家而言,实行价格歧视的目的是为了获得较多的利润。如果按较高的价格能把商品卖出去,生产者就可以多赚一些钱。因此,生产者将尽量把商品价格定得高些。但是如果把商品价格定得太高了,又会赶走许多支付能力较低的消费者,从而导致生产者的利润减少。如何采取一种两全其美的方法,既以较高的商品价格赚得富人的钱,又以较低的价格把穷人的钱也赚过来,这就是生产者所要达到的目的,也是价格歧视产生的根本动因。

价格歧视的前提是市场分割。如果生产者不能分割市场,就只能实行一个价格。如果生产者能够分割市场、区别顾客,而且要分割的不同市场具有明显不同的支付能力,这样企业就可以对不同的群体实行不同的商品价格,尽最大的可能实现企业较高的商业利润。雷克萨斯就是成功分割了市场,将中国市场的富豪支付能力视为最高,从而为它歧视定价提供了依据。

在垄断厂商方面按不同的价格出售不同单位的产品,但是购买相同数量产品的每个人都支付相同的价格。一个垄断的卖方还可以根据买方购买量的不同，收取不同的价格。比如，电信公司根据客户每月上网时间的不同，收取不同的价格，对于使用量小的客户，收取较高的价格；对于使用量大的客户，收取较低的价格。因此，不是不同的人之间，而是不同的产量之间存在价格歧视。

三、信息对称原理：财主为什么成为秃头

有个财主有一妻一妾，妻子比他的年纪大，而妾比他的年纪小。

妾总觉者自己和财主不般配，因为两人在一起的时候，总是显得自己比财主小很多，犹如父女俩。怎么办呢？她想到一个妙招儿：她每天都把财主头上的白发拔去一点。她这么想：只要头上的白发少了，不就显得年轻了吗？这样才会使双方般配一些。

妻也觉得自己和财主不般配，因为两人在一起的时候，总是显得自己比财主更老，犹如母子俩。怎么办呢？她也想到一个妙招儿：她每天都把财主头上的黑发拔去一点。她这么想：只要头上的黑发少了，才能显得年老点，这样才会使双方般配一些。

就这样，财主在妾那里，妾就给他拔白头发；财主在妻那里，妻就给他拔黑头发。没过多久，财主便成了秃头！

无论是妻还是妾，她们拔头发的动机都无可非议，最终却造成了她们都不愿意看到的结果。这是因为她们都是从利己的角度出发，可以说是由于妻妾的利己性造成了财主秃头的结局。

分析

在经济学中，古典经济学家认为，每个人从利己的目的出发，就能达到市场优化的效果。但事实证明，如果人人利己、放任自流，也会造成市场失灵的悲剧。

市场是一种资源配置的好办法，市场经济比计划经济更有效率。但市场机制不是万能的，它不可能有效地调节人们经济生活的所有领域，此时就有了市场失灵。所谓市场失灵，是指市场本身不能有效配置资源的情况，或者说市场机制的某种障碍造成配置失误或生产要素的浪费性使用。

造成市场失灵有很多原因，突出表现在以下几个方面：

(一)收入与财富分配不公

市场机制遵循资本与效率原则，使得收入与财富越来越向富人集中，而另外一些人更趋于贫困，造成了收入与财富分配的进一步拉大。

(二)外部负效应

外部负效应是指某一主体在生产和消费活动的过程中，对其他主体造成的损害。如化工厂，它的内在动因是赚钱，为了赚钱，对企业来讲最好是让工厂排出的废水不加处理就进入下水道、河流、江湖等，从而节约成本，但这种行为会给环境保护、其他企业的生产和居民的生活带来危害。市场本身并不能制止化工厂的这种污染行为。

(三)市场垄断的形成

一般来说，竞争是在同一市场中的同类产品或可替代产品之间展开的。但一方面，由于分工的发展使产品之间的差异不断拉大，资本规模扩大和交易成本的增加，阻碍了资本的自由转移和自由竞争。另一方面，由于市场垄断的出现，减弱了竞争的程度，使竞争的作用下降。

(四)非对称信息

由于经济活动的参与人具有的信息是不同的，一些人可以利用信息优势进行欺诈，这会损害正当的交易。当人们对欺诈的担心严重影响交易活动时，市场的作用就会丧失，市场配置资源的功能也就失灵了。此时市场不能完全自行解决问题，为了保证市场的正常运转，政府需要制定一些法规来制止和约束欺诈行为。

市场失灵所造成的破坏作用是巨大的，甚至会引起经济危机，如 1929—1932 年发生的大危机就是一次典型的市场失灵。1933 年，整个资本主义世界工业生产量下降 40%，各国工业产量倒退到 19 世纪末的水平，资本主义世界贸易总额减少了 2/3，美、德、法、英共有 29 万家企业破产。资本主义世界失业工人达到 3000 多万人，美国失业人口 1700 多万人。

由于市场失灵的存在，要优化资源配置，必须由政府进行干预。正因为市场会失灵，才需要政府的干预或调节。市场规律和政府调控相结合，才能有效遏制市场失灵的现象。

四、外部效应原理：免费萝卜，带出怎样的“泥”

2011 年 9 月，河南滑县农民韩岗的 80 亩萝卜滞销。由于销路不好，他决定免费赠送给市民食用。媒体刊登消息后，引来数万人拔萝卜，萝卜被拔光了。但他种的红薯也被偷了三四万斤，地边上种的两亩菠菜，也被拔得只剩下 1/3，损失惨重。

80 亩萝卜滞销，这对韩岗而言，无疑是一次沉重的“经济危机”。但不同于中学课堂上老师所讲的，无情的资本家为了保持“经济危机”后的市场供需平衡，宁愿将牛奶倒进地沟里也不愿意给穷人喝的故事，韩岗在萝卜滞销时，没有将萝卜直接丢弃而是选择了“免费赠送”的方式，将萝卜尽数送给他人。

农民韩岗有情，现实却有点无情。80 万斤的萝卜是被处理了，但萝卜地边上的红薯、菠菜也损失惨重。从客观的角度来看，拔掉这免费的萝卜，也带出很多难堪的“泥”……

首先，应该是时下许多类似韩岗这样农民的“困境”，搞农业生产，丰收也忧，歉收更忧。80 亩地、80 万斤萝卜，辛苦忙碌了一个季节，所收获到的，除了亏损还是亏损。为什么受伤的总是农民？

其次，应谴责那些“顺手牵羊”的市民，面对农民韩岗在“亏损”的状态下无奈推出的“免费萝卜”，许多人想不到“帮”他一把，相反，却是在背后又给了其一刀。尽管这些“顺手牵羊”的人并不能代表全部，但出现这样的局面，还是让人很难堪。

再次，尽管免费的只是萝卜，但在短短几天之内，竟然也吸引数万人前来光顾。这其中固然有许多人贪小便宜的品性，但“免费萝卜”有如此强大的吸引力，也或多或少地反映出现实生活中，许多人的生活真的很难。

最后，关于物价。农民韩岗的萝卜，在他的菜地里，只能卖几分钱一斤；但到了市场，萝卜的价格便立即翻了数倍，乃至数十倍。不只是韩岗的萝卜，现实生活中，类似商品从产地、经流通环节，再到销售终端，价格成倍上涨的例子比比皆是。究竟是谁制造了这一切？这种离谱的商品流通渠道，注定是对两头（生产者和消费者）的无情掠夺！

分析

对于“免费萝卜”之事，最尴尬的是，当农民韩岗遭遇这样的困境时，我们的政府、社会在哪里？从政府的角度，对类似韩岗这样的“农民”究竟有多少政策的扶持，又有多少宏观的引导，甚至微观的帮助？对社会而言，为什么找不出类似的行业组织？如果有更多、更真实的民间生产合作社，能够让韩岗这样的农民抱团，共享农业生产信息，共担农业生产风险，或许类似的困境便会少那么一点！

素质与技能训练

一、选择题

1. 市场失灵是指(　　)。

A. 在私人部门和公共部门之间资源配置不均

B. 不能产生任何有用成果的市场过程

C. 以市场为基础的对资源的低效率配置

D. 收入分配不平等

2. 某一经济活动存在负外部性是指该活动的(　　)。

A. 私人成本小于社会成本

B. 私人成本大于社会成本

C. 私人利益小于社会利益

D. 私人利益等于社会利益

3. 为了使负外部性内在化,适当的公共政策的反应将是(　　)。

A. 禁止所有引起负外部性的物品的生产

B. 政府控制引起负外部性的物品的生产

C. 补贴这种物品

D. 对这种物品征税

4. 为了使正外部性内在化,适当的公共政策的反应应该是(　　)。

A. 禁止引起外部性的物品

B. 政府生产物品直至增加单位的价值为零

C. 补贴这些物品

D. 对物品征税

5. 如果一个人消费一种物品减少了其他人对该物品的使用,可以说这种物品是(　　)。

A. 公有资源　　B. 由自然垄断生产的物品

C. 竞争性的　　D. 排他性的

6. 私人市场难以提供公共物品是由于(　　)。

A. 公共物品不具有排他性

B. 公共物品不具有竞争性

C. 消费者可以“免费搭车”

D. 以上三种情况都是

7. 上游工厂污染了下游居民的饮水,按照科斯定理,(　　),问题就可解决。

A. 不管产权是否明确,只要交易成本为零

B. 只要产权明确,且交易成本为零

C. 只要产权明确,不管交易成本有多大

D. 不论产权是否明确,交易成本是否为零

8. 解决外部不经济,可采取(　　)。

A. 通过征税的办法

B. 通过产权界定的方法

C. 通过将外部性内在化的方法

D. 以上各项都可行

二、问题与应用

1. 分析外部效应的特点,并举例说明。

2. 试运用外部效应理论分析环境保护问题。

3. 公共物品有什么特点?

4. 市场制度为什么无法有效地保证公共物品的供给？政府能够有效地供给公共物品吗？

5. 国防、钢铁厂的污染、特大企业的存在都会引起市场失灵，他们各自引起市场失灵的原因是什么？应该如何解决？

三、案例分析

1. 在我国发生过这样一件事，有两个人开车时在路上相撞了。事故发生后，这两个司机状告政府，说撞车的责任在政府。理由是：这里的路灯太暗了，因为相互看不到，所以才发生撞车事故。如果不信，政府可以派人开车到这里试一试，看撞车还是不撞车。公共物品应该由政府提供，他俩撞车是因为灯光太暗造成的，政府应该提供足够的灯光，不能让市民为此发生交通事故。

请思考：这两位司机的理由是否充分，并用经济学的理论说明。

2. 1991 年 7 月，美国最大的商品市场芝加哥交易所投票同意创建排放硫化物的污染权市场。1990 年清洁空气法通过以后，环境保护机构可以向发电企业发行可交易的二硫化物排放权，这才使得这一历史性的决议成为可能。污染权为这些企业提供了减少这种化合物排放的一种新办法，这种化合物是引起酸雨的主要原因。

国会大笔一挥，设立了为创建市场所必需的财产权。根据这项新的法律，到2000年，电力企业必须将其二氧化硫的排放量减少到当时水平的50%。环境保护署已向这些发电厂配发了倾倒有限数量此类化合物的权力，每份权力使权力的购买者每年可以向大气中排放一吨二氧化硫。那些自己清除垃圾的企业没有用完它所获得的污染权的，可以将剩下的污染权卖给那些想排放更多废物或接受其所出价格的任何人。

在这一情况下，发电厂面临着压力，它们的股东在继续排放二氧化硫的成本和从污染中可获得的价格之间进行比较。污染权的市场价格越高，减少排放的动机就越大。如此，污染的成本成为发电厂进行利润计算的一个因素。

污染权的交易有可能使发电厂以较低的成本达到新的减少排放的要求。例如，假设排放一吨二硫化物的污染权的市场价格为150美元，如果一家工厂能仅以75美元回收或转移此吨废物，它就能够通过减少排放每年增加75美元的利润，并且可以在市场上以150美元出售一份污染权。发电厂可以通过使用低硫煤来减少排放。需要污染权的企业将只是那些处理一吨排放量的成本大于150美元的企业。当然，污染权的价格将随着排放污染物的价值不同而变化，随着减少排放的新技术的发展，污染权的价格将会下降，而对电力需求的增加有可能提高污染权的价格。

新的计划也鼓励发电厂发展减少排放的新技术，这样一来，他们可以通过出售污染权而增加利润。这种新的以市场为基础来减少排放的方法比起旧的命令控制方法是一个极大的改进，后者要求所有企业以同样的百分比减少排放并指定各企业必须采用某种技术来实现这一结果。最早的污染权拍卖是在1993年，投标人在芝加哥交易所的拍卖中以每吨22美元左右的价格购买了 15010 吨二氧化硫的排放权。芝加哥交易所现在每三个月举行一次污染权的拍卖，第一次这样的拍卖获得了 2100 万美元的利润，由在市场出售污染权的发电厂获得。在这次拍卖中，最大的私人买主是加州动力和光能公司，它以 122 美元到 171 美元不等的价格购买了 85103 吨污染权。

请问污染权交易对减少污染排放量有何作用？

3. 第 90 页理论应用一中，同样一件事情在不同的时代与地点结果不同，两代经济学家的感慨也不同。但从经济学的角度看，火车通过农田无论结果如何，其实说明了同一件事：市场经济中外部性与市场失灵的关系。根据这一现象，请回答下列问题。

(1)举出日常生活中外部性问题事例，并讨论它是如何导致市场失灵的。

(2)为什么解决外部效应问题是国家调节微观经济的重要内容？